3분 트렌드 익힘책

먹는 취향으로
읽는 요즘 문화

오뚜기·
박현영 지음

ORIGINALS

마케터에게 가장 필요한 교재
이승희 브랜드 마케터, 『기록의 쓸모』, 『질문 있는 사람』 저자

　　마케터에게 가장 좋은 교재는 언제나 '사람들의 생활'입니다. 이 책은 그 생활의 중심에 있는 식탁을 무대 삼아 시대의 변화를 읽어내는 트렌드서입니다.

　　우리는 매일 먹습니다. 우리가 어떻게 먹는지가 곧 그 시대를 보여줍니다. 1970년대 분말카레는 '빠른 조리'라는 효율을, 1990년대 패밀리레스토랑은 '외식의 특별함'을, 2020년대 배달 앱은 '혼자 먹는 자유'를 말합니다. 식탁 위에서 일어난 변화가 곧 사회적 가치관의 이동이었고, 동시에 브랜드 전략의 요인이었습니다.

　　마케터가 이를 왜 알아야 할까요? 답은 간단합니다. '사람들이 어떻게 먹는가'는 '다음 소비를 어떻게 정의할 것인가'와 직결되기 때문입니다. 혼밥은 HMR 시장을 만들었고, 취향 소비는 팝업스토어와 협업 열풍을 낳았습니다. 고령화는 건강 식단

을 키워냈고, MZ 세대의 불안은 ESG 메시지를 브랜드의 필수 과제로 만들게 했습니다. '먹는 것'은 늘 가장 빠른 변화의 전조였습니다.

이 책은 단순히 음식 이야기만 담은 것이 아닙니다. 광고 카피, 브랜드 컬래버레이션, 공간 경험, 캐릭터 세계관까지, 식탁에서 출발한 마케팅 전략들이 어떻게 생활과 맞물리며 성장했는지를 보여줍니다. 읽다 보면, 브랜드가 놓쳐서는 안 되는 생활의 디테일과 소비자의 리듬이 선명히 보입니다.

마케터는 언제나 미래를 묻는 사람들입니다. 그 답은 멀리 있지 않습니다. 사람들이 오늘 무엇을, 어떻게 먹고 있는지를 들여다보면 됩니다. 이 책은 그 해답을 가장 맛있고, 가장 현실적으로 건네줍니다.

음식이라는 거울을 통해 사회와 시대를 읽어내는 일

이재용 회계사, 『B주류경제학』 공동 저자

한 사회의 흐름을 읽어내는 방법에는 여러 가지가 있습니다. 저와 같은 회계사들은 회계와 숫자로 세상을 읽고, 물리학자는 자연의 법칙으로, 철학자는 철학 이론으로 세상을 해석합니다. 오랫동안 갈고닦은 지식이라면 무엇이든 세상을 바라보는 하나의 프레임이 될 수 있습니다. 그러나 어떤 단일한 프레임으로도 세상을 완벽하게 이해할 수는 없습니다. 그렇기 때문에 우리는 서로 다른 분야의 시선이 필요하고, 다양한 전문가의 이야기를 통해 세상을 조금 더 깊이 이해할 수 있습니다.

이 책은 바로 그런 점에서 독자에게 새로운 프레임을 제시합니다. 음식이라는 신선하면서도 보편적인 관점이지요. 인간의 몸은 그동안 먹어온 것들로 이루어져 있습니다. 따라서 음식의 변화를 이해한다는 것은 인간의 변화를 이해하는 일이고, 그것은 곧 사회와 시대를 이해하는 일과 크게 다르지 않습니다.

저는 이 책을 통해 식문화의 과거와 현재를 새롭게 바라보게 되었습니다. 카레와 수프, 3분 요리, 즉석밥, 밀키트, 웰빙식품에 이르기까지 각 제품이 등장한 배경과 그 성공의 이유를 사회 구조와 가치관의 변화 속에서 다시 짚어보니, 제가 살아온 과거의 시간이 마치 흑백사진에서 컬러사진으로 바뀌는 것처럼 다가왔습니다. 단순한 제품의 역사가 아니라, 우리 모두의 생활사와 시대의 기록이 오롯이 담겨 있었던 것입니다.

무엇보다 음식은 누구에게나 익숙한 주제입니다. 회계 지식은 때로는 전문적인 언어 때문에 대중에게 쉽게 다가가기 어려울 수 있습니다. 하지만 음식은 다릅니다. 수많은 음식을 먹어온 우리 모두가 이미 경험을 지닌 전문가이기 때문입니다. 그렇기에 독자는 더 편안한 마음으로 이 책을 펼칠 수 있고, 저자와 함께 과거와 현재를 잇는 시간 여행을, 그리고 성수동이나 대전, 코스트코, 야구장 같은 공간 여행을 떠날 수 있습니다.

그 여행은 곧바로 지식 점수를 높이거나 재테크 힌트를 얻게 해주지 않을지도 모릅니다. 그러나 여행의 본질은 언제나 낭만에 있습니다. 낭만은 아이러니하게도 사람에게 가장 큰 자산이 되곤 합니다. 특별한 경험을 쌓게 하고, 남다른 시각과 통찰을 품게 하며, 더 매력적인 사람으로 만들어 주는 토대가 되기 때문입니다. 『3분 트렌드 익힘책』은 바로 그런 경험을 선사합니다.

음식이라는 거울을 통해 사회와 시대를 읽어내는 과정은 단순한 흥밋거리가 아닙니다. 그것은 오늘을 해석하고 내일을 준비하는 통찰의 연습입니다. 회계사로서 저는 숫자를 통해 세상의 원리를 들여다보지만, 이 책을 읽으며 또 하나의 강력한 프레임을 얻게 되었습니다. 독자 여러분도 이 책을 통해 저와 같은 경험을 하실 수 있을 것입니다.

잔잔한 미소와 함께 떠나는 작은 여행, 그러나 그 여정 속에서 얻게 될 깨달음은 결코 작지 않을 것입니다. 여러분께 이 책을 기쁜 마음으로 추천합니다.

목차

추천사   004

들어가며
식탁은 언제나 시대를 비춘다 - 오뚜기   014
'먹는다는 것'은 콘텐츠다 - 박현영 생활변화관측소 소장   017

PART 1.

먹는 데 진심인 우리의 먹는 문화

~1970년대:
먹는 문화는 맛있게 빠르게 변화 중   024

1980년대:
가장 한국적인 것과 세계적인 것의 완벽한 조화   033

1990년대:
위기 속에서 피어난 한 끼의 지혜와 다양성   041

2000년대:
건강하세요, 물론 맛도 챙기세요!   051

2010년대:
상생의 가치, 혼자 또 같이   058

2020년대:
We are the world   069

PART 2.

먹는 문화에서 찾은 트렌드

취향 #개인화 #취향_소비 #지속가능성

컬래버 열풍: 오뚜기와 농심의 컬래버레이션, 누가 승인했나요?	087
취향과 감성 도구: CJ ENM 오덴세를 아시나요?	097
혼자와 사회생활: 대한민국 술판이 변한다	108
아침의 변화: 아침을 챙겨 먹는 자가 하루를 지킨다	121
환경과 사회 공헌: 시리얼 코코볼 컵이 만들어진 이유	130

경험   #공간_경험 #로컬 #체험

브랜드 공간: 성수동 LCDC, 오뚜기 없는 오뚜기 팝업스토어　**144**

맛집의 변화: 대한민국에서 두 번 다시 없을 이름, 성심당　**157**

유통의 변화: 1인 가구가 코스트코에 간다고요?　**166**

야구장 먹거리: 브랜드가 야구장으로 달려가야 하는 이유　**175**

소통   #콘텐츠 #미디어_소통 #라이프스타일

소통 방식의 변화: 미친 켈로그, 16년 만에 진짜로 만들었다　**186**

방송의 변화: 그녀의 라이프를 담은 오이 김밥　**195**

브랜드와 캐릭터: 빙그레우스, 세계관이 뭐예요?　**204**

고령화 사회: 고령이 아니라 저령이 반응하는 건강 식단　**213**

부록
트렌드에 녹아든 다섯 가지 키워드

#브랜드_스토리텔링 진정성 있게 스토리를
전하는 자가 살아남는다 - 이승희 마케터　　　　　　224

좋은 브랜드 경험이 담아내는 **#동시대성_보편성**
- 오뚜기 BX실　　　　　　　　　　　　　　　　　229

#A.I 큰 변화 속에서도 결코 변하지 않을 것들
- 김병기 프릳츠커피컴퍼니 대표　　　　　　　　　234

지금은 나에게 집중하는 시대 **#가치_소비**
- 김경희 《컨셉진》 편집장　　　　　　　　　　　238

스스로 나를 잘 돌볼 때의 감각 **#웰니스**
- 유지현 소소문구 대표　　　　　　　　　　　　242

들어가며

식탁은 언제나 시대를 비춘다
- 오뚜기

매일 마주하는 밥상이지만, 그 위에는 가족의 대화와 세대의 기억, 그리고 사회가 중요하게 여기는 가치가 고스란히 담겨 있습니다. 한 그릇의 음식은 든든한 한 끼이자 우리가 어떤 삶을 살고 있는지를 보여주는 작은 기록이기도 합니다.

오뚜기가 걸어온 길을 따라가다 보면, 식탁과 사회가 얼마나 긴밀히 연결되어 있는지 자연스레 보입니다. 1969년 카레를 선보이면서 집에서도 근대적 조리법과 새로운 맛을 즐길 수 있다는 가능성을 열었고, 1981년 출시한 즉석요리 식품은 조리 시간 자체를 재정의하며 바쁜 도시 생활에 새로운 선택지를 안겨주었습니다. 그때마다 사람들의 생활은 달라졌고, 제품은 시대를 상징하는 기호가 되었습니다.

식탁의 변화는 늘 사회의 움직임과 함께였습니다. 왜 어떤 시기에는 빠른 조리가 필요했는지, 왜 집밥의 정성이 다시 주목받았는지, 왜 간편식이 건강과 맛을 동시에 이야기하기 시작했는지에 대한 이유들은 모두 사회의 변화와 맞물려 있었죠. 식품은 단순한 먹거리를 넘어서 시대의 욕망, 그리고 그때를 사는 사람들의 필요와 취향을 담았고, 그렇게 식생활을 포함한 우리의 일상을 바꾸었습니다. 그래서 식탁을 살핀다는 건 곧 사회를 이해해 나간다는 말이기도 합니다. 어제의 흐름을 읽는 일은 내일을 준비하는 길잡이가 됩니다. 이 책은 그 여정을 함께 걷고자 합니다.

PART 1에서는 오뚜기의 대표적인 제품과 광고를 중심으로 한국 식탁이 어떤 길을 걸어왔는지를 짚습니다. 새로운 유행은 언제나 낯설게 다가오지만, 그 근간에는 반복되는 생활의 패턴과 사회적 맥락이 있습니다. 과거의 변화를 이해할수록 오늘의 트렌드가 명확히 보이고, 내일을 준비할 통찰도 얻게 됩니다.

PART 2에서는 컬래버레이션, 캐릭터, 식문화 도구, 굿즈, 팝업스토어, 먹방 등 오늘날 식문화 트렌드를 통해 K-먹거리와 먹는 문화가 어떻게 브랜딩과 마케팅의 최전선이 되었는지를 살펴봅니다. 특히 기획자, 마케터, 브랜딩 담당자처럼 트렌드에 민감한 독자라면, 먹는 문화의 트렌드가 그 어떤 영역보다 예민하고 빠르게 변화한다는 걸 알고 계실 거예요. 식품은 우리 삶에서 빼놓을 수 없는 필수재이자, 동시에 가장 쉽게 즐길 수 있는 작은 사치입니다. 그렇기에 식품만큼 시대의 변화를 빠르게 담아내는 것도 없습니다. 무엇을 먹는지, 어떤 취향에 따라 어떤 방식으로 즐기는지를 관찰하는 것만으로도 한 시대의 욕망과 생활상이 드러납니다.

"내가 먹는 이 한 끼가, 지금 어떤 시대를 보여주고 있을까?"

이 질문에서 출발한 이 책은 작은 접시 위에 남겨진 흔적들이 어떻게 큰 흐름이 되어왔는지, 그래서 지금 우리가 주목해야 점은 무엇인지를 보여주고자 합니다. 그 흐름을 통해 독자 여러분이 오늘을 이해하고 내일을 그려낼 단서를 얻기를 바랍니다.

'먹는다는 것'은 콘텐츠다
- 박현영 생활변화관측소 소장

　한국 소비자가 올린 한국 편의점 관련 포스트와 일본 소비자가 올린 일본 편의점 관련 포스트 21,520건을 비교 분석해봤다. 1단계, 인스타그램에서 '#편의점', '#편의점신상' 해시태그가 붙은 포스트, '7elevenkorea' 등 한국 편의점 브랜드 공식 계정을 태그한 포스트를 수집한다. 일본도 마찬가지로 'コンビニ(편의점)', 'コンビニ新商品(편의점 신상품)', 'seven_eleven_japan' 등을 태그한 포스트를 수집한다.

　2단계, GPT프로파일링을 통해 해당 포스트에 올라온 제품, 브랜드를 읽어낸다. GPT프로파일링은 멀티모달AI로 텍스트 데이터, 이미지 데이터, 영상 데이터를 동시에 처리할 수 있다. 텍스트로 '편의점에서 라면'이라고 쓴 것뿐 아니라 꼬불꼬불한 면이나 컵라면 용기가 있는 이미지, 호치 캐릭터(삼양식품 불닭볶음면의 마스코트)가 불을 뿜는 그림만 있어도 라면으로 인식한다.

3단계, GPT프로파일링으로 분석한 데이터를 통해 한국과 일본 편의점의 차이를 분석한다. 우선 올라온 제품과 브랜드의 차이를 확인하고, 다음은 소비자의 행태를 추론한다. 제품에서 어떤 감성을 느꼈는지, 무엇이 구매를 고려한 요인이었는지, 또 어떤 가치를 추구하는지 소비자의 마음을 읽는다. 결론은? 한국 소비자는 화제가 되는 콘텐츠를 경험하는 데 주력하고, 일본 소비자는 품질과 계절감을 중시한다.

[한국 vs 일본 편의점 디저트 속 메뉴 프로파일링 비교]

고유명사 67.6%

순위	키워드	비율
1	밤티라미수컵	25.5%
2	두바이 초콜릿	14.3%
3	바나나우유	12.3%
4	커피	12.1%
5	과자	7.9%
6	이웃집 통통이 두바이쿠키	6.4%
7	빼빼로	5.9%
8	메론킥	5.9%
9	초코마시멜로우팡	4.8%
10	요아정 초코볼 파르페	4.8%

고유명사 5.1%

순위	키워드	비율
1	커피	31.0%
2	카페라떼	14.4%
3	프리미엄 롤케이크	13.2%
4	아이스커피	7.8%
5	아이스크림	6.3%
6	스무디	6.1%
7	푸딩	6.1%
8	소프트아이스크림	5.1%
9	고양이 비스킷 샌드	5.1%
10	빵	4.9%

한국과 일본의 편의점 포스트에 나온 디저트 메뉴 비교[1]

　위 표를 보면, 한국 소비자가 올린 편의점 포스트에 나오는 디저트 중 67.6%가 고유명사라는 걸 확인할 수 있다. 한국 소비자는 화제가 되는 '그 메뉴'를 먹어보고자 한다. 이를테면 '밤티라미수컵이 유행이라고? 나도 먹어봐야지' 하는 것이다. 그렇게 '나도

[1] 생활변화관측소 25년 6월 세미나, 오픈하우스 식음 트렌드, GPT프로파일링을 통해 본 한국 vs. 일본, 편의점 트렌드.

밤티라미수컵을 먹어봤다'는 SNS 포스트가 넘쳐나게 된다. 반면 일본 소비자가 올리는 편의점 포스트에는 커피, 아이스크림, 빵과 같은 카테고리의 이름이 주로 쓰여 있다. 포스트에 자주 등장한 디저트 메뉴 상위 10개 중에 고유명사는 '고양이 비스킷 샌드' 단 하나다.

좀 더 깊이 들어가서 GPT에게 물었다. 소비자가 제품을 선택한 요인은 무엇일까? 한국 소비자는 제품의 선택 요인으로 비주얼보다 화제성, 품질보다 혁신성, 가격보다 경험이 더 높게 작용했다고 나온다. 일본 소비자는 정확히 반대다. 일본 소비자들은 화제성보다 비주얼, 혁신성보다 품질, 경험보다 가격을 더 높게 따졌다. 나아가 종합해서 한국 소비자와 일본 소비자가 추구하는 가치는 무엇일지 질문해 보았다. 한국 소비자가 추구하는 가치는 첫째 MZ 문화, 둘째 소셜 트렌드, 셋째 효율성 추구이며, 일본 소비자가 추구하는 가치는 첫째 품질 완벽주의, 둘째 계절감 중시, 셋째 캐릭터 팬덤이라는 결과가 나왔다.

이처럼 한국과 일본의 소비자 성향은 판이하게 다르다. '편의점'이라는 형태 자체가 일본에서 왔기에 한국 식품 기업은 예전부터 일본 편의점을 벤치마킹하곤 했다. 한국 식품 기업 연구원들은 오전에 비행기를 타고 일본에 갔다가 트렁크 한가득 편의점 식품을 사와 저녁에 다 함께 먹어본다는 말이 있을 정도였다. 한국 소비자도 그 어느 때보다 일본에 많이 가고, '일본 편의점에 가면 꼭 먹어봐야 하는 추천 음식 리스트'를 품고 직접 일본 편의점을 경험하고 오는 시대다. 그럼에도 일본 편의점에서 흔히 볼 수 있는 덮밥 형태의 도시락이나 다양한 오니기리, 국물 오뎅은 여전히 한국 편의점에선 찾을 수 없다. 이렇듯 음식은 문화를 담지하고 있다.

한국인은 기본적으로 화제가 되는 콘텐츠에 대한 반응이 빠르고, 그 화제성은 특히 음식에서 부각된다. 식품업에 종사하는 사람이 트렌드를 봐야 하는 이유가, 그리고 식품업에 종사하지 않는 사람이 음식을 봐야 하는 이유가 여기에 있다. 한국의 음식은 기본적으로 콘텐츠성을 지니고 있다. 영업 면적만 2만 평이 넘는, 국내 최고의 매출을 기록하는 백화점에서도 식문화에 주목한다. 가격으로 보면 백화점에서 가장 저렴한 상품에 속하는데도 음식이 최고의 화제성을 불러일으키고, 소비자의 발걸음을 옮기게 하는 가장 결정적인 요인이기 때문이다. 각자 SNS의 편집장이라고 할 수 있는 소비자들이 SNS에 가장 많이 올리는 콘텐츠도 단연 음식이다.

먹는다는 것은 사람들의 문화를 담는 그릇이자 작금의 트렌드를 반영하는 콘텐츠이며, 누구도 피할 수 없는 생존의 필수 요소인 동시에 가장 큰 즐거움이 되기도 한다. 그 '먹는다는 것'에 대해 제조사의 시각이 아닌 제품을 소비하는 사람들의 시각에서, 사람들의 언어로, 음식과 먹는 문화에서 찾은 대한민국 트렌드를 탐험해보자.

PART. 1

1980년대

이때 사회는
- 민주화 운동, 3저 호황, 올림픽

먹는 문화의 변화
- 맞벌이와 여성 사회진출 증가로 간편식 수요 확대
- 패스트푸드 문화 확산
- 중산층 확대에 따른 외식 증가
- 영양 강화 등 건강에 대한 관심 증가

~1970년대

이때 사회는
- 새마을운동, 산업화, 도시화, 석유파동

먹는 문화의 변화
- 보릿고개 종식과 쌀 공급 확대
- 쌀 절약을 위해 밀가루 음식 장려
- 수프, 케첩 등 즉석·가공식품 등장
- 외식 산업 태동

1990년대

이때 사회는
- 문민정부 출범, IMF 외환위기, 정보화 사회

먹는 문화의 변화
- 라면과 김치의 세계화
- 편의점 확대로 간편식 문화 확산
- 다문화 음식 유입과 외국 음식점 등장

먹는 데 진심인 우리의 먹는 문화

2010년대

이때 사회는
- 스마트폰 대중화, 촛불집회, K-컬처 세계화, 저출산 고령화
- 배달앱 전성기

먹는 문화의 변화
- 1인 가구 증가에 따른 '혼밥·혼술' 트렌드
- 먹방·쿡방 열풍 등 건강에 대한 관심 증가

2000년대

이때 사회는
- IT강국 도약, 월드컵 4강, FTA, 양극화 심화

먹는 문화의 변화
- 유기농, 저칼로리
- 천연 조미료 등 웰빙 트렌드 확산
- 퓨전 요리 인기
- 패밀리레스토랑 및 치킨·피자 프랜차이즈 등 외식 다양화

2020년대

이때 사회는
- 코로나19 팬데믹, 디지털 전환, ESG

먹는 문화의 변화
- MZ세대 가치 소비
- HMR(가정간편식) 폭발적 성장
- 밀키트 일상화
- 비대면·온라인 장보기 문화 확산
- 친환경 포장 및 업사이클링 푸드 등 지속가능 식품 주목

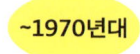 ~1970년대

먹는 문화는 맛있게 빠르게 변화 중

1960~1970년대는 한국이 본격적으로 산업화를 겪으며 생활 전반에 큰 변화가 일어난 시기였다. 1962년 경제개발 5개년 계획이 시작되면서 농촌 인구가 도시로 대거 이동했고, 핵가족화가 진행되었고 이는 가족 구조와 식문화에도 큰 영향을 미쳤다. 전쟁 후 인구는 폭증하는데, 생산성은 수요를 따라잡지 못하면서 한국인의 주식인 쌀이 부족한 상황이 되자 정부는 쌀 소비를 줄이고 밀가루와 보리 소비를 장려하기 위해 '혼·분식 장려 운동'을 적극 펼쳤다.

학교, 군대, 회사 등 단체 급식에서도 쌀 대신 보리밥이나 국수, 빵 등을 제공했다. 그리고 쌀 외의 곡물 소비를 유도하고자 했던 혼·분식 정책과 함께 양식에 대한 수요 증가가 맞물리면서 핫케이크 가루, 도나스 가루 등의 프리믹스premix 제품과 마가린 같은 서구식 조리 제품들이 등장했다. 이는 간편하고 효율적인 조리가 필요했던 산업화 시대의 요구에 부응한 결과였다. 도시화가 진행되면서 서구식 식문화에 대한 관심도 높아졌고, 국민들의 식생활은 점차 다양해지기 시작했다.

또한 도시화와 맞물려 여성의 사회 진출이 늘어나고 가사 노동의 효율성이 중요해지면서 빠르고 손쉬운 조리가 가능한 제품에 대한 수요가 증가했다. 전통적인 손맛 대신 조리의 간편함과 시간 절약의 가치가 식문화의 중심에 자리 잡아갔다. 식품 회사들은 사람들이 소비하는 식품을 생산하는 데서 한 단계 나아가, 새로운 조리 방식을 제안하고 이를 반영한 제품을 출시했다. 그리고 그 제품이 식탁의 주역이 되던 시기였다. 가족의 구조 역시 전통적인 대가족 형태에서 부모와 자식 구성의 핵가족 형태로 바뀌면서, 이 변화 또한 고스란히 식문화에 나타났다. 한국 식생활의 근대화가 시작된 것이다.

일요일은 온 가족이 함께하는 카레 데이!

한국인은 밥에 국, 찌개 등 매콤한 맛을 곁들이는 식습관을 갖고 있다. 오뚜기는 이런 식문화에 착안해서 분말 카레를 선보였다. 밥 위에 올려 매콤하게 즐길 수 있도록 만든 카레라면, 맛과 영양을 모두 챙기는 좋은 먹거리가 될 수 있으리라고 판단한 것이다. 그렇게 출시한 제품을 시장에 성공적으로 안착시키기 위해 오뚜기는 다양한 전략을 구사했다. 대표적인 것이 일정한 지역의 소매점을 직접 순회하며 영업하는 루트 세일즈route sales 방식이었다. 영업 차량에는 '오뚜기 카레' 로고가 큼지막하게 부착되어

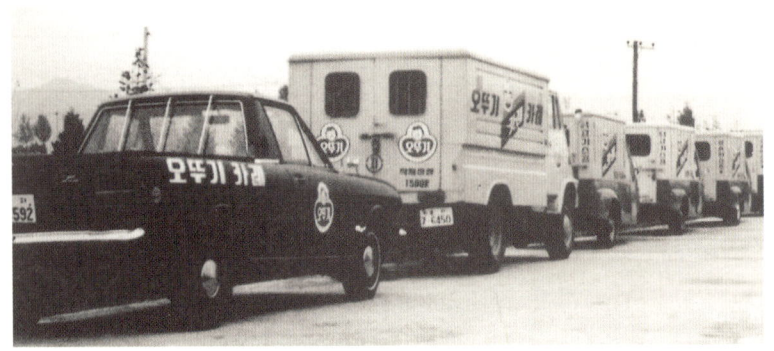

당시의 오뚜기 영업용 차량

당시 송출되던 '일요일은 오뚜기 카레' 광고

있었고, 이는 한국 최초의 이동 광고였다.

    TV 광고도 획기적이었다. '시대의 거울'이라는 말에서 알 수 있듯이, 광고는 먹거리만큼이나 우리 삶에 밀접하게 영향을 미친다. 일요일 점심시간에 송출되었던 광고의 '일요일은 오뚜기 카레'라는 카피와 운율은 지금까지도 많은 사람의 뇌리에 강렬하게 남아 있다. 이 시대 한국은 급격한 경제 발전을 이뤘던 만큼, 아버지들은 늘 분주히 일하느라 집을 비우기 일쑤였다. 그러니 일요일만이라도 가족과 함께 시간을 보내자는 의미를 광

처음 출시된 카레 상품

고에 담아낸 것이다. 이 광고는 아직 낯설었던 향신료 음식인 카레를 가족 중심의 따뜻한 식사로 인식시키는 데 큰 역할을 했다. 이 여파로 휴일의 광고 단가가 올라가는 진기한 현상이 벌어지기도 했다. 이렇게 적극적인 영업과 광고 덕분에 어느 가정에서나 볼 수 있게 된 오뚜기 카레는 간편한 조리 방식으로 일하는 어머니와 바쁜 도시에서 생활하는 가정에 실용적인 해결책이 됐다.

또한 당시는 우리나라에 전쟁의 상흔이 남아 있었기에 밥과 국, 찌개, 반찬 구성의 전통적인 반상 차림을 차리는 데 현실적으로 어려움이 있었다. 이런 상황에서 하나의 냄비에 끓여 여럿이 함께 나눠 먹을 수 있는 카레는 좋은 대안 식품이기도 했다. 음식을 조리하는 데 걸리는 긴 시간과 과정을 대폭 줄일 수 있다는 점에서 간편한 요리로 각광받았고, 이렇게 카레는 우리나라 식탁의 주인공 중 하나로 자리 잡았다.

밥과 국 위주였던 식탁에 '수프'라는 것이 올라왔다

분말 카레에 이어 이번에는 국내 수프 시장의 포문이 열렸다. 1970년 '산타스프 포타주'와 '산타스프 크림'이 연달아 출시됐다. 쌀이 주식이었던 우리나라에서 쌀 생산이 어려워지자, 미국의 구호물자로 들어온 밀가루를 활용한 칼국수, 수제비 등이 서민 음식으로 자리를 잡던 시기였다. 이와 함께 1960년대 후반 밀가루를 재료로 만든 빵이 인기를 얻기 시작했다.

그러나 서양인들이 빵을 먹을 때 함께 곁들이는 수프는 사람들에게 아직 낯선 음식이었고, 일상에서 접할 기회도 많지 않았다. 이에 오뚜기는 '매장에서의 시식 행사'라는 새로운 영업 방식을 고안해 냈다. 처음에는 중산층 이상에서 소비하는 식품으로 타깃팅을 했기에 신세계, 미도파, 코스모스 백화점에서 시식회를 열었고, 이는 곧 새롭게 문을 연 슈퍼마켓 등으로 확대되었다.

이 과정에서 여성 시식 사원이 등장하며 '시식 문화'라는 유통 방식이 처음 생겨났다. 소비자에게는 맛을 보고 구매할 수 있는 기회를, 유통 업계에는 새로운 마케팅 전략의 가능성을 보여준 획기적인 변화였다. 지금은 마트에 가면 시식 행사를 매우 일상적으로 만날 수 있지만, 당시에는 눈으로만 살펴보고 식품을 사는 것이 일반적이었다. 판매 목적의 물건과 식품들이 진열

당시 출시된 오뚜기 산타스프 크림 패키지

된 곳에서 갓 나온 따끈한 음식을 맛볼 수 있다는 처음 보는 광경에, 많은 이들이 흥미를 느끼고 참여했다.

　오뚜기의 산타스프는 외식 문화가 거의 없던 시절에 집에서 간편하게 서양식 수프 요리를 즐기게 해주는 수단이었다. 특히 분말형 수프는 뜨거운 물만 있으면 먹을 수 있는 간편함으로 인기를 끌었고, 이후 학교 급식, 군대 식당, 가정용 요리, 경양식 메뉴 등에까지 빠르게 확산되었다. 양식에 대한 수요가 증가하면서 수프와 함께 먹을 수 있는 디저트도 뒤따라 관심을 받았다. 이때 핫케이크 가루와 도너츠 가루 등 프리믹스 제품도 출시되었다. 본격적으로 '근대의 식탁'이 등장했다고 할 만한 변화였다.

새로운 요리 문화의 중심이 된 케첩과 마요네즈

토마토케첩이 처음으로 보급된 것은 1930년대 후반으로, 이때는 일본에서 만든 제품을 수입하는 형태였다. 광복 이후 케첩을 생산하는 국내 업체도 생겨났는데, 문제는 이들이 모두 품질에 문제가 있는 불량품이었다는 것이다. 《매일경제》의 보도에 따르면 당시 우리나라의 케첩 제조사는 단 세 곳뿐인데, 이들이 모두 인체에 해로운 색소와 밀가루를 섞어 가짜 케첩을 만들어 팔았다고 한다.

국내 제조사에서 만든 케첩 중 최초로 제대로 된 상품 가치를 지녔다고 평가받은 것이 1971년 오뚜기가 출시한 '도마도케찹'이다. 케첩은 이후로 도시락 반찬, 오므라이스, 돈가스, 감자튀김 등 다양한 요리에 활용되며 빠르게 대중화되었다.

뒤이어 1972년에는 한식 양념에 일상적으로 사용되는 고추장처럼 서양에서는 샐러드에 반드시 필요한 '마요네즈'가 출시되었다. 양식이 우리 일상에 자리 잡으면서 이전처럼 채소를 삶고, 무치고, 볶아 먹는 대신 샐러드로 먹기 시작했는데, 이와 함께 필연적으로 마요네즈가 등장한 것이다. 그러면서 소비자들은 우리 입맛에 맞는 조미 식품들을 실용적으로 다양하게 활용하기 시작했다.

그러나 마요네즈는 수송 과정에서 가해지는 진동이나 직사광선에 의해 쉽게 변질되는 제품이다. 국내 최초로 마요네즈를 출시한 오뚜기 역시 판매 초기에는 유통 과정에서 어려움을 겪었다. 그때 오뚜기는 연구 개발에 더욱 크게 투자하며 기술을

70년대 도마도케챂 TV 광고

끊임없이 보완해 나갔다. 원료 투입 순서를 변경하거나 배합 온도와 시간을 정밀하게 조절해 최적의 재료 배합 비율을 찾아냈다. 그뿐만 아니라 무균실을 설치하고 철저한 소독과 살균 과정을 거쳐 변질 가능성을 0%대로 낮춤으로써 품질 좋은 마요네즈를 안정적으로 생산할 수 있게 되었다.

화제 예감 꿀조합 레시피
초당옥수수 카레

초당옥수수가 지닌 단맛과 톡톡 터지는 식감은 바몬드카레와 궁합이 좋다. 특히 바몬드카레는 사과나 벌꿀의 은은한 단맛을 갖고 있는데, 맵기를 살짝 올려주면 색다른 매력을 느낄 수 있다.

재료(4인분 기준)

오뚜기 바몬드카레 약간매운맛 100g 1봉, 오뚜기 초당옥수수 198g 1캔, 돼지고기 앞다리살 200g, 양파 2개, 감자 1개, 청양고추 1개, 물 600ml, 소금 약간, 오뚜기 순후추 약간, 참기름 약간

만드는 방법

① 냄비에 참기름을 두르고 돼지고기를 볶다가 소금과 순후추로 밑간을 한다.
② 고기가 하얗게 익을 때쯤 깍둑 썬 양파와 감자를 냄비에 넣고 함께 볶는다.
③ 냄비에 물을 채우고, 물이 끓기 시작하면 카레 가루를 넣고 잘 풀어준다.
④ 카레 가루를 푼 냄비 안에 청양고추를 넣는다.
⑤ 이어서 초당옥수수를 듬뿍 넣고 원하는 농도가 될 때까지 졸인다.
⑥ 접시에 따끈한 쌀밥을 올리고 잘 끓인 카레를 붓는다.

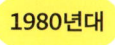

1980년대

가장 한국적인 것과
세계적인 것의 완벽한 조화

    1980년대, 한국 경제는 계속해서 발전하고 있었다. 1970년대 후반부터 오일 쇼크와 국제 유가 급등의 영향이 이어지고 있음에도 한국의 산업화와 도시화는 속도를 늦추지 않았다. 곳곳에 공장과 빌딩이 솟아오르며 경제 성장이 가속화되었고, 사람들은 점점 도시로 몰려들며 그만큼 일상도 바빠졌다. 경제 활동에 참여하는 여성들의 비중이 더 확대되고 텔레비전이 보급되는 등, 여러 사회 변화도 맞물려 일어났다.

    또한 1988년 서울올림픽은 본격적으로 세계 무대에 '한국'이란 나라를 알렸다. 경제·문화 강국으로 도약하기 시작한 우리나라에 맥도날드, KFC와 같은 글로벌 프랜차이즈들이 속속 들어왔으며, 세계적인 식품 기업인 하인즈Heinz와 크노르Knorr 등 글로벌 기업들도 한국 진출을 본격화했다.

    더불어 전자레인지가 가정에 본격적으로 보급되면서 간편 조리 식품의 수요도 늘었다. 갈수록 바빠지는 사회에서 '빠름'과 '간편함'이 식사의 중요한 가치로 부상하며 오뚜기 즉석 카레, 컵라면, 레토르트 식품 등은 도시 생활에 익숙해진 사람들에게 큰 인기를 끌었다. 다양한 광고와 상품에는 이처럼 폭풍 같은 변화를 거친 사회상이 고스란히 녹아 있다.

무엇이든 빨라진 사회, 달라진 식사 방식

산업화와 도시화가 정점을 찍으며 식문화에 큰 변화가 생겨났다. 여성의 사회 진출이 확대되고 맞벌이 부부가 증가하며 자연스럽게 전통적인 집밥 모델에 균열이 생겨난 것이다. 정성껏 삼시 세끼를 차리는 일은 더 이상 일상이 아니게 되었다. 그러면서 시간이 절약되면서도 식사의 만족감은 그대로 느낄 수 있는 새로운 방식이 필요해졌는데, 이러한 대중의 바람에 부응해 등장한 것이 바로 '3분 요리'였다. 3분 요리의 탄생은 1980년대 그 무엇보다도 획기적인 일이었다. 1981년 오뚜기가 국내 최초로 선보인 '3분 카레'는 바야흐로 레토르트 식품의 시대를 여는 신호탄이었다.

그 후 오뚜기는 '3분 짜장', '3분 미트볼', '3분 햄버그스테이크' 등 다양한 시리즈를 잇달아 출시하며 간편한 한 끼를 원하는 사람들에게 선풍적인 인기를 끌었다. 뜨거운 물이나 전자레인지만 있으면 단 3분 만에 밥 위에 바로 얹어 먹을 수 있는 요리가 완성된다는 점은 당시로서는 엄청난 혁신이었다. 물론 이 제품의 인기 요인은 그저 간편함뿐만이 아니었다. 밥 위에 얹어

3분 요리 광고

먹는 방식, 맵고 짭조름한 맛, 맵기의 다양한 단계화 등 한국인의 식습관에 맞게 설계된 제품이었기 때문이다. '간편한 한 끼'라는 개념은 서서히 더 보편화되었고, 캠핑이나 야외 활동, 대학 MT 같은 문화와 맞물리며 레토르트 식품은 새로운 식생활 방식으로 자리 잡아갔다.

즉석식품은 시간을 아껴주는 매우 진보된 기술의 결과였다. 그렇게 여유 시간이 확보되자 여성들은 노동의 짐을 덜었고, 어린이들은 혼자서도 밥을 먹을 수 있는 독립성을 갖게 되었으며 남성들은 집안일에 참여하기 시작했다. 가족의 생활상이 완전히 바뀐 것이다.

식탁 위에 차려지는 음식에도 혁신의 바람이 불었다. 한국인의 식탁에는 이제 밥, 국, 찌개, 밑반찬 같은 전통적인 음식만

1980년대 200원에 판매되던 TV 광고 속 진라면

올라오지 않았다. 조리 과정이 복잡하고 시간이 오래 걸리는 전통적인 음식은 하나둘씩 물러나고 양식과 간편식이 그 자리를 대신했다. 지금까지도 스테디셀러로 자리 잡아 큰 인기를 끌고 있는 오뚜기의 진라면, 농심의 신라면과 너구리, 짜파게티 등 주요 라면 제품들도 이 시기에 등장하며 식생활에 다양성을 더했다.

안전한 먹거리가 된 전통식품

또 하나 주목할 만한 것은, 완전히 새로운 맛이 아니라 익숙한 맛을 새로운 형식으로 전하는 제품이 등장했다는 점이다. 대표적으로 오뚜기의 '옛날' 브랜드를 들 수 있다. 오뚜기는 전통식품 브랜드 옛날을 선보이며 당면, 국수, 미역처럼 우리가 과거부터 흔히 먹던 제품들을 출시했다. 우리 입맛에 맞는 제품 고유의 맛은 살리되, 생산 프로세스를 개선해 품질을 높이려는 시도였다. 1986년에 출시한 '옛날 당면'은 100% 고구마 전분을 사용해 식감을 살리고, 포장 단위도 300g과 500g, 1kg으로 다양화해 선택의 폭을 넓혔다. 이는 옛날에 먹던 그 맛을 재현하면서도 쫄깃함을 더한 식감으로 소비자의 입맛을 사로잡았다.

옛날의 대표적인 전통 식품 중 하나인 '옛날 미역' 또한 빼놓을 수 없다. 과거에 미역은, 바다에서 채취한 후 재래시장에 건조 상태로 쌓여 있는 것을 구매하는 식으로만 소비할 수 있었다. 오뚜기는 미역이 산모나 아이들의 먹거리로 자주 소비된다는 점에 주목했다. 남해 청정 해역의 미역을 선별하되 위생적인 염장과 자숙, 건조 공정을 거친 후 깔끔하게 포장해 판매하며 소비자들을 사로잡은 것이다. 산모나 아이들의 밥상에 올라가려면 당연히 위생을 중시할 수밖에 없다. 전보다 위생적이고 품질이 균일해진 포장 미역은 큰 반향을 일으키며 빠르게 소비자의 호응을 얻었다. 또한 당면과 미역은 대표적인 OEM(위탁 생산) 품목으로, 오뚜기는 이때 연을 맺은 중소기업 OEM 공장들과 약 40년째 거래를 이어오고 있다. 오뚜기 제품을 생산하는 중소기업들은 설비를 현대식으로 개량하면서 매출도 꾸준히 상승하고 있는데, 이는 최근 주목하고 있는 상생 모델의 시초라고도 할 수 있다.

글로벌 경쟁, 전화위복이 되다

식문화에 변화의 물결이 요동치는 중에 식품 업계에서는 국내 기업들과 글로벌 기업들도 격렬한 경쟁을 이어갔다. 1980

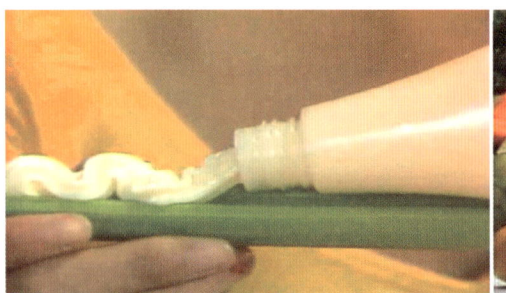

1980년대 마요네스 TV 광고

년대 들어 '베스트푸드 마요네즈'로 알려진 글로벌 기업 CPC인터내셔널이 한국 마요네즈 시장에 본격적으로 진출했다. 이들은 막강한 자본력과 첨단 기술, 그리고 글로벌 마케팅 전략을 앞세워 국내 시장을 빠르게 잠식해 나갔다.

그러나 오뚜기는 위기를 곧 기회로 전환했다. 소비자 기호조사를 반복하며 한국인의 입맛에 맞는 차별화된 제품 개발에 착수했고, 그 결과 '오뚜기 골드 마요네스'가 탄생했다. 이 제품은 기존 마요네즈보다 한층 고소하고 깊은 맛을 구현해 소비자들의 압도적인 지지를 얻었으며, "고소하다, 고소하다, 역시 고소하다"라는 광고 문구와 함께 시장에서 강력한 존재감을 확립했다.

특히 골드 마요네스의 등장은 국내 마요네즈 시장에서 맛의 기준을 바꾸는 전환점이 되었다. 이전까지는 산뜻하고 가벼운 맛을 강조한 '후레쉬 마요네스'가 주류를 이뤘으나, 골드 마요네스의 출시를 기점으로 시장은 점차 고소하고 깊은 맛을 중시하는 방향으로 옮겨갔다. 글로벌 기업의 공세 속에서 국내 브랜

당시 마요네스 광고

드가 소비자 기호 변화를 선도하며 독자적인 경쟁력을 확보한 것이다.

이후 골드 마요네스는 국내 시장에 굳건히 자리 잡았고, 오늘날까지도 소비자들로부터 꾸준히 사랑받으며 오뚜기의 정체성을 상징하는 대표 제품이 되었다. 여기서 그치지 않고 1990년대 중반 러시아에 진출하면서 러시아인의 입맛까지 사로잡기도 했다.

화제 예감 꿀조합 레시피
연어 깍두기

마요네스의 변신은 무죄! 두툼한 연어에 '스리라차와 마요네스가 만난 매코매요'만 더하면 손쉽게 완성되는 간단 레시피다. 날치알의 톡톡 터지는 식감이 더해져 맛의 재미를 살려준다. 김에 싸 먹거나 포케에 곁들이면 한층 풍성하게 즐길 수 있다.

재료(2인분 기준)
생연어 300g, 오뚜기 스리라차와 마요네스가 만난 매코매요 4큰술, 날치알 2큰술

만드는 방법
① 생연어를 두툼하게 깍둑썰어준 뒤 볼에 담는다.
② 매코매요와 물기를 뺀 날치알을 넣어 잘 버무려준다.
TIP 김에 싸 먹거나 포케에 올려 먹으면 더욱 맛있다.

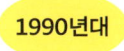 # 위기 속에서 피어난 한 끼의 지혜와 다양성

1990년대는 한국 사회에 큰 전환점이 된 시기였다. 경제 성장과 함께 국민 소득이 증가하면서 외식을 하는 문화가 빠르게 퍼져나갔다. 이제까지는 주로 집에서 식사를 챙겨 먹던 것과 달리, 특별한 날이면 가족끼리 손을 잡고 패밀리 레스토랑에 가거나 패스트푸드점을 방문하는 풍경이 점차 낯설지 않게 되었다.

1990년대에는 1980년대 후반부터 크게 유입된 서구식 식생활이 더욱 가속화되는 현상도 펼쳐졌다. 이와 함께 건강에 대한 관심이 높아지면서 균형을 맞추듯 건강식과 전통 음식에 대한 관심도 함께 커졌다. 식품 시장이 다양해진 만큼 건강보조식품 등 새로운 형태의 식품도 등장해 소비자의 눈길을 끌었다.

그러나 1997년 IMF 외환위기가 닥치면서 고도 성장기는 막을 내렸다. 그럼에도 하루 세 끼를 먹는 한국인의 식습관에는 변함이 없었고, 외식이 줄어들면서 집에서 식사하고자 하는 수요가 늘어 새로운 시장이 형성됐다. 가족의 형태도 변화했다. 핵가족화가 본격화되면서 개인 중심의 라이프스타일이 자리 잡기 시작한 것이다. 삼대가 함께 밥상을 차려 먹는 풍경은 드물어졌고, 4인 이하의 가족 단위가 일반적인 형태가 되었다. 또한 도시로 상경해 원룸에서 자취하는 청년, 회사 근처 오피스텔을 얻어 출퇴근하는 회사원이 늘어나며 혼자 사는 삶의 형태가 점차 흔해졌다.

생일에도, 아무 일 없는 날에도 집에서 후루룩!

국수는 그 자체로 한국인의 생활과 문화 속에 깊이 뿌리내린 음식이다. 생일엔 장수의 의미로, 결혼식 날엔 축복의 의미로, 또 소박한 일상에서의 한 끼로도 오래도록 사랑받아 왔다. 과거에 국수는 주로 가내수공업으로 만들거나 지역 기반의 제조 공장에서 제조하여 유통됐다. 그렇다 보니 지역마다 맛도 품질도 조금씩 달랐고, 소비자는 시장에서 눈으로 보고 고심해서 고르는 수밖에 없었다. 그러던 중 깔끔한 포장에 규격화된 맛을 자랑하는 '옛날 국수'가 등장한 것이다.

오뚜기가 1980년대 출시했던 당면의 인기에 힘입어 1990년 선보인 옛날 국수는 고급 밀가루를 사용하고, 기존의 국수보다 많은 물을 사용해 제면하면서 식감을 살리는 '다가수 숙성 제면법'을 접목했다. 그간 쌓아온 노하우로 개발한 국수에 최적화된 밀가루 배합 비율 또한 오뚜기가 자랑하는 제품의 매력이었다. 잘 퍼지지 않고 쫄깃하면서도 부드러운 면은 소비자의 마음을 사로잡았다.

또한 유통이 체계화되며 전국 어디서나 동일한 품질의 제품을 살 수 있게 된 것은 소비자들에게 매우 의미 있는 변화였다. 소비자들은 더 이상 집에서 밀가루를 반죽하지 않아도 되고, 시장에 가서 면을 일일이 살펴보며 고를 필요도 없었다. 품질과 위생이 보장된 국수를 손쉽게 구매할 수 있게 됐다.

옛날 국수가 인기를 끌면서 많은 식품 업체들이 국수 제조에 뛰어들었다. 이에 따라 국수 시장 전반의 품질이 향상되면서 그에 맞게 시장 또한 성장할 수 있었다. 이후 숙성 공정을 거쳐 퍼지지 않는 면발, 깔끔한 패키지, 종류별로 세분화된 면 굵기 등이 일반화됐고, 국수 제품은 중면과 수연소면, 메밀국수 등으로 다양해졌다.

이 라면, 끓이면 안 된다는데?

1999년 7월 희한한 라면이 등장했다. 라면 봉지에는 "끓여 먹지 마세요"라는 친절한 안내가 적혀 있었다. 알쏭달쏭한 난제를 안게 된 소비자들은 호기심을 품고 이 라면을 적극적으로 사들이기 시작했다. 끓여 먹으면 안 되는 라면, 이 라면은 바로 '뿌셔뿌셔'다. 끓인 라면 못지않게 생라면을 좋아하는 한국인들의 소비 욕구를 완벽하게 채워준 뿌셔뿌셔는 출시 이후 꾸준히 사랑받았다.

뿌셔뿌셔의 탄생에는 오뚜기 '스낵면'이 삼신할머니 역할을 했다. 생활이 궁핍하던 시절 라면은 한 끼 대용식으로 각광을 받았을 뿐만 아니라 과자를 대체하는 용도로도 인기가 높았다.

1996년 하반기 오뚜기가 전문 리서치 회사를 통해 진행했던 설문조사에 따르면 조사 대상의 85%가 생라면을 먹은 경험이 있다고 했다. 그들이 주목한 것은 과자 대신으로 생라면을 먹을 때 주로 '스낵면'을 선택한다는 응답이었다. 사람들은 왜 생라면으로 스낵면을 선호할까? 뿌셔뿌셔의 개발은 이 질문에서 싹을 틔운 것이다.

스낵면은 면발이 가늘고, 바삭하게 튀겨내기에 타 라면보다 조리 속도가 두 배가량 빠르다. 빠르게 조리할 수 있도록 만든 이 특징 덕분에, 끓이지 않고 생라면으로 먹을 때도 과자처럼 바삭거리는 식감을 갖게 된 것이다. 오뚜기는 스낵면을 발판 삼아 1997년 초 본격적인 개발에 착수했고, 소비자 테스트를 거쳐 2년 6개월 만인 1999년 불고기맛, 피자맛 뿌셔뿌셔가 시장에 등장했다. 2개월 후에는 양념치킨맛, 바베큐맛, 떡볶이맛, 스위트콘맛을, 다시 2개월 후에는 딸기, 초코, 메론맛을 내놓았다.

뿌셔뿌셔에 대한 소비자의 반응은 폭발적이었다. 단 6개월 만에 1억 개라는 놀라운 판매고를 기록한 것이다. 월 평균 1,600만 개라는 경이로운 숫자였다. 처음에는 라면을 과자로 먹는다는 걸 낯설어하던 소비자들도 일단 한번 먹고 나면 바삭한 맛과 신나게 부숴 먹는 재미에 빠져들었다. 이후 농심의 '쫄병(쫄병스낵)', 삼양의 '빠샤빠샤' 등 라면과 과자를 접목시킨 제품들이 잇달아 시장에 나왔다. 식품 업계에 '라면 스낵'이라는 새로운 카테고리가 만들어진 것이다. 뿌셔뿌셔를 비롯한 라면 과자들은 어느새 입이 심심할 때 맛과 재미를 손쉽게 안겨주는 일상의

당시 뿌셔뿌셔 광고

즐거움으로 자리 잡았다.

함께 요리하며 온기를 더하는 스위트홈

제품을 선택하고 음식을 즐기는 방식에도 변화가 일어났다. 오뚜기 산타스프 출시 때 처음 등장한 '매장 시식'은 이미 소비자들에게 너무나 익숙한 마케팅이 된 상황이었다. 식품 기업들은 한 걸음 더 나아가 요리 대회나 지역 축제, 쿠킹 클래스처럼 풍부한 제품 경험을 제공하며 브랜드와 제품을 마케팅하기 시작했다.

예를 들어 풀무원은 '가족 김치 담그기 대회'를 열어 신선한

1996년 개최된 오뚜기의 스위트홈 가족요리 페스티벌

방식으로 기업을 홍보했다. 부모와 자녀가 함께 김치를 담그는 경험을 통해 어린이들에게 다소 선호도가 떨어지는 김치의 친근감을 높이고, 풀무원 브랜드에 호감을 갖도록 한 것이다. 이 밖에도 어린이 김치 강좌를 여는 등 풍부한 경험을 더해주었다.

또 대표적인 사례는 1996년 6월 국내 최초로 열린 가족 요리 경연 행사 '스위트홈 오뚜기 가족요리 페스티벌'이다. 지금까지 이어지고 있는 최장수 행사인 이 페스티벌은 오뚜기가 오래도록 지켜온 가치관에서 탄생했다. 오뚜기는 창립 초기부터 '따뜻한 가정'을 광고의 콘셉트로 삼았다. 어떤 어려움이 닥쳐도 건강한 가정이 유지되기를 응원하는 마음과, 따뜻한 집에서 어린이가 보호받을 수 있는 분위기가 중요하다는 점을 강조한 광고들이었다. 스위트홈 오뚜기 가족요리 페스티벌은 이러한 오뚜기의 가치관을 대표적으로 알린 행사다.

따뜻한 가정이 강조된 지면 광고

　이 시기 우리나라의 상황은 녹록지 않았다. 고공 행진하던 경제 성장률에 정체기가 왔고, 1997년에 닥친 IMF 외환위기의 전조가 조금씩 나타나고 있었다. 이러한 상황에서 오뚜기는 경제 상황이 어렵고 사회가 불안정할 때도, 일이 바빠 시간을 내기 어려울 때도 가족이 함께 요리하고 맛있는 것을 나누며 추억을 쌓는 시간을 만든다는 데 큰 의미가 있다는 것을 페스티벌로 알리고자 했다. 그뿐만 아니라 이와 같은 행사에 참여하기 어려운 어린이들을 위해, 페스티벌 본선에 참가한 가족들의 참가비 전액에 오뚜기의 기부금을 보태 한국심장재단에 기부했다.

　다가온 1997년은 IMF 외환위기 사태가 발생하며 너 나 할 것 없이 우리나라 국민 모두가 힘든 시기를 보냈다. 이때도 오뚜기는 TV와 지면 광고 대부분에 가족이 함께 있는 모습을 담아냈다. 맛있는 음식을 행복하게 나눠 먹는 식구들의 모습을 통해 대한민국의 가정이 '스위트홈'이기를 바란다는 진심 어린 응원의 메시지를 전했다.

집에서도 다양하게 먹자, 다만 간편하게!

식사 상황이 다양해지고, 가족 구조가 변화하면서 식탁은 그 어느 때보다 빠르게 변화했다. 오랫동안 가정 내 여성이 직접 식재료를 조리하는 문화가 일반적이었다면, 1990년대 후반부터 맞벌이 가구와 1인 가구가 늘어나면서 집에서 먹는 식사의 형태가 달라졌다. 이때 가정간편식(HMR, Home Meal Replacement) 시장의 문이 서서히 열리기 시작했다.

오뚜기는 간편하면서 맛과 영양이 풍부한 웰빙 가정간편식을 선호하는 인식의 변화에 맞춰 1998년 9월 '옛날 사골곰탕'을 세상에 내놓았다. 사골곰탕은 계절을 가리지 않는 영양식이지만, 만드는 과정이 어렵고 제대로 된 국물을 내기 위해서는 다양한 재료를 마련해야 하는 번거로움이 있으며 비용까지 부담되어 조리하기가 쉽지 않다. 옛날 사골곰탕이 가정간편식의 형태로 출시되며 이러한 수고를 크게 덜어주었다. 뉴질랜드 청정 지역에서 자란 소의 사골을 오랫동안 고아 우려낸 국물에 양질의 쇠고기를 넣는 방식으로 옛날 맛을 그대로 살린 옛날 사골곰탕은 국물이 진하고 구수했다. 개인의 시간과 힘을 크게 들이지 않고도 몸에 좋은 음식의 깊은 풍미를 느낄 수 있게 된 것이다.

또한 가정에서도, 캠핑을 가서도 끓이기만 하면 완성되는 간편한 조리법 덕분에 어디서나 손쉽게 즐길 수 있어서 우리네 밥상에 자주 오르는 단골 식품이 되었다.

오늘날 소비자들에게 가장 익숙한 가정간편식인 CJ제일제

진한 맛을 강조한 옛날 사골곰탕 광고

당의 '햇반'도 이 시기에 등장했다. 처음에는 '맨밥을 누가 돈을 주고 사 먹겠냐'는 우려가 컸지만 여성들의 사회 진출이 늘고 1인 가구가 늘어나는 사회의 변화에 힘입어 햇반은 소비자들에게 큰 호응을 얻었다. 이처럼 가족 구조와 생활 방식의 변화는 우리의 식탁 풍경을 바꾸고, 식품 업계가 제품을 혁신하여 새로운 시장을 개척하도록 이끄는 동력이 되었다.

화제 예감 꿀조합 레시피
스낵면 마요땅

마요네스의 고소한 풍미와 과자처럼 씹는 맛이 매력인, 간단하게 즐길 수 있는 간식이다. 얇은 면일수록 생라면으로 먹거나 마요땅으로 만들어 먹을 때 더 맛있는데, 그래서 스낵면을 사용하기를 추천한다. 간단한 맥주 안주로도 제격이다.

재료(1인분 기준)
스낵면 1봉, 오뚜기 골드마요네스 40g, 설탕 30g

만드는 방법
① 스낵면 앞뒤로 마요네스를 1큰술씩 바른다.
② 그 위로 설탕을 1큰술씩 뿌려주고, 라면 분말 스프도 취향대로 솔솔 뿌려준다.
③ 에어프라이어 180도에 5분가량 굽는다.
④ 노릇하게 구워진 스낵면 마요땅을 먹기 좋게 부숴 즐긴다.

건강하세요, 물론 맛도 챙기세요!

2000년대에 들어서며 한국 사회는 다시 한번 생활양식에 큰 변화를 맞이했다. 인터넷과 휴대전화가 전국적으로 보급되는 등 IT 환경이 급속도로 변화하며 온라인 시장이 비약적으로 발전한 것이다. 직장인들에겐 장시간 근무가 일상이 되었고, 맞벌이 가정은 증가했다. 자연히 집에서 요리하는 시간을 따로 내는 것은 더욱 어려워졌고, 그 대신 외식 또는 간편식에 대한 수요가 급증했다.

또한 파도처럼 한국 사회를 뒤덮었던 경제위기를 무사히 극복해 내면서 안정을 되찾은 사람들은 이제 건강, 위생에 대해 관심을 갖기 시작했다. 2000년대에 식사는 단순히 '생존을 위해 배를 채우는' 개념을 넘어섰다. 한 끼라도 '건강하게' 채우는 것이 중요한 화두로 떠오른 시대였다. 1960~1970년대 미국에서 시작된 '웰빙'의 개념이 2000년대 초반부터 한국에서도 대중매체를 통해 본격적으로 알려지기 시작했다. 식문화에서 '웰빙'은 건강하고 만족스러운 삶을 추구하는 생활 방식이자, 이를 반영한 음식을 의미했다. 이러한 웰빙 열풍은 2000년대 식문화 전반에 큰 영향을 미쳤으며, 건강한 삶에 대한 사람들의 인식을 바꾸는 중요한 계기가 됐다.

언제든 고슬고슬하고 따뜻하게 먹을 수 있는 한 끼

1990년대 CJ제일제당이 출시한 '햇반' 덕에 즉석밥은 이미 소비자들에게 익숙한 제품으로 각인되어 있었다. 오뚜기도 2004년 '맛있는 오뚜기밥'을 출시하면서 즉석밥 시장에 뛰어들었다. 이후에 영양까지 충족시켜 주는 잡곡밥, 현미밥, 흑미밥 등 다양한 기능성 밥이 모습을 드러내면서 사람들은 때마다 구미가 당기는 밥을 다양하게 선택할 수 있었다. 또한 맞벌이 부부가 늘며 바쁜 출근 시간에 아침마다 밥을 짓기 어려워진 그 시대의 엄마들은 영양까지 챙긴 한 단계 발전된 형태의 즉석밥으로 고충을 한결 덜었다.

그렇게 즉석밥은 아침을 챙기기 어려운 직장인, 혼자 밥을 해 먹기가 번거로운 자취생, 도시락을 싸서 다니는 학생들에게 든든한 일상의 파트너가 되었다. 2008~2009년 글로벌 금융 위기라는 경제 한파가 닥치며 한국 경제는 다시금 몸살을 앓았는데, 팍팍하고 어려운 시기에도 즉석밥은 간편함과 영양, 맛을 다 챙기는 따뜻한 한 끼로 사람들에게 위로를 건넸다.

하늘길이 열렸으니 간편한 것을 내어오너라

2001년, 우리나라에는 큰 변화가 하나 있었다. 3월에 인천국제공항이 공식 개항한 것이다. 하늘길이 폭넓게 열리며 2000년대에는 자연스럽게 해외여행객도 증가했다. 그러면서 간편하게 이용할 수 있는 식품에 대한 사람들의 관심도 커졌는데, 외국 음식이 입에 맞지 않을 때 해외에서도 손쉽게 조리해 먹을 수 있는 제품들이 여행 필수품으로 자리 잡은 것이다. 전자레인지에 돌리거나 뜨거운 물을 붓기만 하면 먹을 수 있는 '3분 요리'와 같은 제품들이 특히 각광받았다.

그중에서도 오뚜기밥은 더욱 거대한 하늘길에 올랐는데, 그 배경에 '우주인 열풍'이 있었다. 2008년 4월 러시아 가가린 우

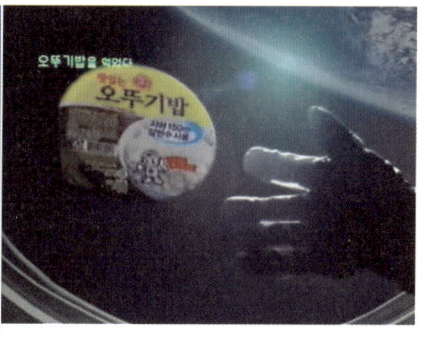

오뚜기밥이 우주 식품으로 선정된 당시 지면과 TV 광고

주센터에서 쏘아 올릴 우주선 소유즈Soyuz에 한국 최초의 우주인 이소연 씨가 탑승하게 되면서 온 국민이 우주 이야기로 떠들썩했다. 이때 오뚜기밥이 러시아 의생물학연구소IBMP에 의해 국제우주정거장에서 먹을 수 있는 우주식품으로 최종 선정된 것이다. 우주 식품은 저기압, 저중력, 고에너지 상태에서도 안전하게 보존되고 지구에서 느껴지는 맛 그대로 유지되어야 하기 때문에 까다로운 검증 절차를 거쳐야 승인받을 수 있었다. 오뚜기밥은 세계 최초로 수분이 60% 이상 함유된 제품이었다. 봉지째 데워서 먹을 수 있도록 고안된 것인데, 그 덕분에 뜨거운 물을 부어 먹던 기존 건조밥 형태의 우주 식품보다 훌륭한 맛과 식감을 구현해 냈다. 우주식으로 선정된 오뚜기밥은 이소연 씨와 함께 우주선에 탑재됐다.

건강 챙겨 백세까지 튼튼하게!

2000년대에 한국은 고령화 사회에 진입했다. 이러한 흐름의 영향으로 광고 속 메시지도 눈에 띄게 바뀌었다. 웰빙과 건강, 친환경에 대한 관심이 커지면서 식품 광고에서도 '몸에 좋은', '자연에서 온', '무첨가'와 같은 표현들이 많아진 것이다. 각종 매체에서 카레의 치매 예방 효과를 알리기 시작했는데, 오뚜기는 이러한 시대적 관심을 반영해 2003년 12월 '백세카레'를 출시했다. 치매 예방에 좋다고 알려진 강황의 함량을 기존 제품보다 50% 이상 높여 건강 기능을 강화한 제품이었다. 이 밖에도 임상 연구를 통해 얻은 결과를 바탕으로, 건강에 중요한 요소로 작용하는 물질들을 많이 함유한 향신료를 선별해 개발했다.

　기존에는 '따뜻한 가정'에 초점이 맞춰져 있던 홍보나 광고도 변화를 보였다. 역시나 핵심은 건강이었다. 자녀의 건강에 신경 쓰는 30~40대를 핵심 소비자로 보고, 면역력을 높여주는 진한 노란색의 강황을 주요 원료를 내세워 건강에 좋은 카레임을 강조한 것이다. 이때 카레 원료인 향신료와 건강에 관한 연구도 활발하게 이어졌다.

　우리나라 소비자에게 익숙하고, 또 떼어놓을 수 없는 제품이지만 동시에 건강에는 좋지 않다는 인식이 강하던 라면에도 변화가 일어났다. 오뚜기는 2004년 국내 최초로 녹두와 감자 전분을 사용해 튀기지 않은 면으로 칼로리를 낮춘 컵라면 '컵누들'을 선보였다. 광고도 '가볍게 먹자 120칼로리', '다 먹어도 120칼로리' 등 칼로리 부담이 적은 제품임을 강조했다. 삼양은

칼로리 부담을 낮춘 컵누들의 당시 TV 광고

저칼로리에 느끼하지 않은 맛을 강조한 '기름에 안 튀긴 면'을, 농심은 녹두가 첨가된 '녹두국수 봄비', 감자로 면을 만든 '감자면' 등을 출시하며 라면에서도 제품 특징을 중심으로 건강을 강조하는 움직임이 나타났다.

  이 밖에도 CJ제일제당은 유기농 식품 사업에 진출하고, 풀무원은 동물복지 제도를 도입하는 등 식품 업계 전반에 큰 변화가 있었다. 단순히 다양한 제품을 출시하거나 간편함을 강조하는 데서 그치지 않고, 식품 전반의 질적 향상이 이뤄졌다는 점에서 2000년대의 변화는 의미가 컸다.

화제 예감 꿀조합 레시피
컵누들 달걀찜

일거양득, 일석이조! 컵누들 하나를 맛있게 즐긴 뒤에 부담 없이 든든하게 또 다른 맛을 즐겨보자.

재료(1인분 기준)
컵누들(매콤한맛, 우동맛, 마라탕), 달걀 2개

만드는 방법
① 컵누들 면을 다 즐긴 뒤, 국물을 전자레인지 응용 조리 물선까지만 남긴다.
② 국물에 달걀 2개를 넣고 잘 풀어준다.
③ 전자레인지에 넣고 조리한다(1,000W 2분 30초, 700W 3분).

주의사항
컵누들 작은 컵(소컵)은 용기 지름이 작아 국물이 많은 상태에서 전자레인지에 조리할 경우 끓어 넘칠 수 있다. 전자레인지에 조리하기 전, 반드시 국물을 '전자레인지 응용 조리 물 선'까지 따라내자.

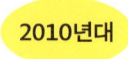

상생의 가치, 혼자 또 같이

　디지털 시대가 열리면서 광고의 모습은 완전히 달라졌다. TV, 라디오, 신문 같은 4대 매체에 의존하던 시대는 지나가고, 유튜브, 인스타그램, 블로그와 같은 소셜 미디어(SNS)가 핵심이 되었다. 식품 광고도 일방적인 전달에서 벗어나 소비자와의 쌍방향 소통 중심으로 강화되었다.

　많은 식품 회사가 공식 SNS 채널을 통해 본격적으로 고객과 소통하기 시작했다. 2010년대에 들어서서 식품 기업의 공식 페이스북이나 인스타그램 채널 운영은 일상이 되었다. 오뚜기는 제품 소개뿐 아니라 고객들 사이에 유행하는 레시피를 콘텐츠화하거나 체험단을 운영하고, 인플루언서와 협업하는 등 고객과의 접점을 강화하는 움직임을 보였다. 오뚜기는 SNS를 비롯한 콘텐츠 마케팅을 통해 진라면 브랜드를 더 널리 알릴 수 있도록 국내외 대학생이 참여하는 공식 대학생 서포터즈 '진앤지니'를 운영한다.

서포터즈 참여자들은 직접 기획한 콘텐츠를 온오프라인에 다양한 방식으로 노출하고, 우수 활동팀으로 선정된 참가자의 콘텐츠는 오뚜기 공식 SNS에도 업로드된다. 참여와 공감을 기반으로 기업과 소비자가 함께 가치를 만들어가는 것이다.

그뿐만 아니라 SNS나 방송을 통해서 맛집이 발견되고 숨은 고수와 같던 셰프들이 널리 알려지기 시작했다. 《냉장고를 부탁해》, 《수요미식회》 등 '먹방'이라고 불리는 먹는 방송들이 TV와 OTT, 유튜브를 통해 인기 프로그램에 등극하기도 했다. 이처럼 매체의 변화와 SNS의 발달은 식문화에도 큰 영향을 미쳤다.

집밥 회귀 현상 속에서 무럭무럭 성장하는 가정간편식

2010년대에 들어서며 1인 가구가 눈에 띄게 급증했다. 이와 함께 '집밥'이라는 단어가 다시 주목받기 시작했다. 혼자 식사를 하는 트렌드와 외식에 대한 피로감, 불규칙한 식사에 따른 건강 우려 등 다양한 이유로 사람들은 집밥의 가치를 재발견했다. 하지만 예전처럼 손수 반찬을 만들고, 국을 끓이고, 매 끼 밥을 지어 먹기엔 여전히 시간이 부족했다. 그래서 소비자들은 집밥처럼 맛있지만 간편하게 조리해 먹을 수 있는 제품을 원했고, 식품 업계에서는 변화한 소비자의 취향에 맞춰 다양한 가정간편식 제품을 쏟아내듯 출시하며 치열한 경쟁을 벌였다.

HMR 시장이 폭발적으로 성장하던 시기에 오뚜기는 한국적인 메뉴를 가장 간편한 방식으로 재해석했다. 먼저 '쇠고기미역국', '김치찌개', '된장찌개' 등 전자레인지에 몇 분만 데우면 먹을

오뚜기 컵밥 광고

수 있는 다양한 즉석국·탕·찌개 시리즈로 집밥을 닮은 간편식이라는 하나의 문화를 형성했다.

그리고 2016년에는 그간 쌓아온 즉석식품 노하우와 정성을 고스란히 담아낸 컵밥을 출시했다. 컵밥은 메뉴별로 고유의 맛을 느낄 수 있을뿐더러 큼직한 건더기가 푸짐하게 들어가 있어 한 끼 식사로 부족함이 없었고, '김치참치덮밥'부터 '매콤낙지덮밥'까지 총 6종의 다양한 선택지로 큰 인기를 끌었다. 이에 힘입어 오뚜기는 소비자의 기호를 반영해 메뉴 종류를 20여종 이상으로 다양화했고, 불고기, 치킨마요, 알밥 등 트렌디한 메뉴를 출시했다. 전자레인지에 돌리기만 하면 제육덮밥, 김치참치덮밥 같은 정통 한식을 제대로 즐길 수 있다는 점은 다시 집밥을 찾는 소비자들에게 큰 만족감을 줬다.

컵밥은 도시락 문화와 혼밥 시대에 맞는 새로운 식사 형태로 당당하게 자리 잡았다. 컵라면처럼 간편하지만 실은 풍성하고 균형 잡힌 식사가 가능하다는 점은 현대인에게 충분히 매력적이었다. 지금도 꾸준히 사랑받고 있는 오뚜기 컵밥은 2020년에 밥의 양을 20% 증량하고 즉석국도 별첨하는 등 집밥 같은 한 끼를 지향하며 우리의 일상과 든든하게 함께하고 있다.

CJ제일제당 역시 기존의 햇반에 토핑이나 소스, 국을 더한 '햇반컵반'을 출시하는 등 가정간편식 제품군을 확대하는 움직임을 보였다. 햇반컵반은 황태국밥, 순두부찌개국밥, 미역국밥, 사골우거지국밥 등의 메뉴들을 통해 소비자들에게 간편하게 집밥을 즐길 수 있는 선택지를 제공했다. 동원F&B도 '양반' 브랜드로 장터국밥 등 한식 위주의 컵밥을 출시했다. 이때 GS25 전용, CU 전용 등 편의점과의 협업으로 유통 채널을 확보하는 등 후발 주자로서 새로운 전략을 시도하며 컵밥의 대유행에 합류하고자 했다.

냉동식품까지, 식문화의 끊임없는 진화

간편식의 진화는 냉동식품으로도 이어졌다. 2010년대는 먹는 방식의 진화가 가속화된 시기였다. 점점 더 바빠진 소비자들이 집밥의 새로운 정의 아래서 따뜻한 한 끼를 간단하게 챙기는 분위기가 형성되었다. 과거엔 카레, 수프, 마요네즈, 식초 같은 조미 제품이 광고의 주인공이었다면, 2010년대에는 라면, 컵밥, 냉동피자, 만두, 간편죽 등 다양한 즉석식품들이 그 중심에 있었다.

그 배경에는 새롭게 확산된 조리 도구가 있다. 2015년 이후 에어프라이어가 본격적으로 보급되면서 HMR 제품도 한 단계 진화한 것이다. 2016년 전자레인지뿐만 아니라 에어프라이어로도 간편하게 조리해서 먹기 좋은 냉동피자가 출시된 이후 냉동밥, 냉동 안주, 브리또나 핫도그, 붕어빵 등의 냉동 간식과 냉동 치킨 등 다양한 냉동식품이 잇따라 출시되기도 했다.

냉동식품 하면 빼놓을 수 없는 냉동 만두 시장이 이때 크게 성장했다. 물론 냉동 만두가 처음 등장한 것은 훨씬 더 과거로, 1987년 해태의 '고향만두'가 그 시초였다. 그 후 백설과 풀무원 등의 식품 기업에서도 다양한 냉동 만두를 선보였지만, 1990년대 초반까지 냉동 만두 시장은 오래도록 정체돼 있었다. 그러다가 2013년 CJ제일제당에서 '비비고 왕교자'를 시장에 선보이며 냉동 만두 시장이 크게 성장한 것이다. CJ제일제당은 가장 기본적인 제품인 왕교자를 비롯해 새우왕교자, 김치왕교자, 한섬만두, 왕만두 등 입맛대로 고를 수 있는 다양한 냉동 만두를 연이어 출시하면서, 소비자들에게 밖에서 사 먹는 것과 다르지 않은 퀄리티를 간편하게 즐길 수 있다는 가정간편식의 만족감을 선사했다.

'오뚜기 피자' 또한 냉동식품 시장이 성장하는 데 한몫했다. 오뚜기 피자는 고온의 돌판 위에서 구워내는 '스톤베이크드stone baked' 방식으로 구운 고품질 제품으로, 냉동피자 시장을 50억 원에서 1,000억 원 규모로 성장시킨 주역이다. 그때까지 소비자들에게 피자는 당연히 배달해서 먹는 것이고, 외식 중에서도 비싼 음식으로 인식되었다. 당시 외식 물가를 비교해 보면 짜장면은 약 5,000원, 치킨은 약 15,000원 내외인 데 비해 피자헛, 도미노피자, 미스터피자 등 유명 프랜차이즈의 피자 가격은 라지 사

오뚜기 피자 광고

이즈 기준 3만 원이 훌쩍 넘었으니 실제로 비싼 음식이기도 했다. 사람들은 약 5,000원이라는 가성비 있는 가격과 편안한 집에서도 느낄 수 있는 좋은 품질에 큰 매력을 느꼈다. 오뚜기 피자는 콤비네이션과 같은 기본 라인업 외에도 크러스트 피자, 컵피자, 1인용 우노피자 등 다양한 종류를 선보였다. 그만큼 기호에 따라 선택할 수 있는 폭이 넓어 많은 이들의 입맛을 만족시켰다.

먹어야 사는 우리, 지속가능성을 생각하다

2010년 국제표준화기구ISO에서 '사회적 책임에 관한 지침(ISO 26000)'을 발표하면서 식문화에 또 한 번 변화의 바람이 불었다. 이 지침은 지속가능한 발전을 위해 조직은 사회적으로 책임 있는 행동을 해야 한다는 주제를 바탕으로 기본 원칙과 인권, 환경, 공정한 운영 등을 짚어냈다. 식품업체들은 ESG 경영을 실천하고자 적극적으로 사회적 책임을 위한 활동을 펼치기 시작했다.

사람들의 인식 또한 바뀌었다. 내 입에 들어가는 음식, 내 몸을 건강하게 하는 먹거리에 대한 생각에서 상생의 가치를 한 번씩 떠올리고 곱씹게 된 것이다. 소비자들은 업체들이 제조 과정이나 포장재에서 환경과 윤리를 고려했는지도 적극적으로 살피며 식품을 고르기 시작했다.

식품 기업들도 이러한 인식 변화에 발맞춰 변화했다. 풀무원은 환경부와 손잡고 친환경 포장재를 개발해 두부 제품 43개의 패키지를 전면 교체했고, 공장에 우드펠릿 보일러를 도입함으로써 온실가스 배출 저감에도 힘썼다. 또한 어린이의 올바른 식습관 형성을 위한 '바른먹거리 캠페인'도 시작했다. 그런가 하면 오뚜기는 친환경 패키지에 집중해 포장재를 개선하고, 제품 개발부터 폐기까지 환경에 미치는 영향을 최소화하도록 '스테이크소스'와 '돈까스소스'를 포함한 육류 소스 3종에 순환형 재활용 페트를 적용했다. 또한 2014년에는 국내 최초로 컵라면 용기를 일반 종이 용기가 아닌 자체 개발한 친환경 용기로 변경했다. 환경과 인체에 유해하지 않을뿐더러 종이 사용량을 줄여 탄소 배출량을 효과적으로 감소한 획기적인 용기였다. 오뚜기는 제품으로 사회적 가치를 실현하는 데 그치지 않고, 지역사회에 기부하거나 어린이 급식 지원, 탄소중립 캠페인 등도 꾸준히 이어나가고 있다.

스포츠, 마케팅의 중심에 서다

2010년대는 '스포츠의 시대'였다고 해도 과언이 아닐 정도로 다양한 스포츠 행사가 열렸다. 그와 함께 역사적으로 길이 남을 기록들이 새겨졌다. 2010년 밴쿠버 동계올림픽에서 피겨 여왕 김연아는 올림픽 사상 최고점을 기록했고, 같은 해 남아공월드컵에서 캡틴 박지성이 이끈 국가대표 축구팀이 처음으로 원정 월드컵에서 16강을 달성했으며 바둑기사 이세돌은 인공지능 알파고와의 대국에서 전 세계 바둑기사 중 유일하게 1승을 따냈다. 또한 평창올림픽이 개최되었는데, 평화와 화합의 상징인 올림픽이 국내에서 열린 것은 30년 만이었다. 이처럼 2010년대에는 수많은 스포츠 이벤트가 이뤄졌다.

이처럼 여러 종목에서 맞이한 스포츠의 황금기를 잘 활용한 사례 중 하나가 오뚜기다. 한국 프로야구 최초로 MVP와 신인왕

스포츠 스타 류현진과 배우 김희애가 함께 출연한 진라면 광고

평창 동계올림픽 시기 스포츠를 적극적으로 활용한 오뚜기의 광고들

을 동시 석권하고 2013년 미국 메이저리그에 진출한 야구선수 류현진은 그해 10월, 출시 25주년을 맞은 오뚜기 진라면의 모델이 됐다. 본격적인 스포츠 마케팅의 시작이었다. 스타성과 함께 멈추지 않는 도전정신으로 메이저리그를 정복한 류현진과 시장을 끊임없이 확장해 온 진라면의 브랜드 이미지가 잘 들어맞았던 것이다. 시즌을 마친 직후 류현진은 11월 '류현진~라면' 편을 시작으로 오뚜기 진라면의 광고 모델로 나선 이후 한화이글스를 이끌었던 김인식 감독과 동반 출연해 연이어 화제를 불러 모았다. 류현진의 진라면 광고가 집중적으로 전파를 타면서 2014년 1월부터 2월까지 진라면 판매량이 전년 같은 기간과 비교해 18% 증가하기도 했다. 진라면은 업그레이드된 맛과 당대 최고 스포츠 스타 모델의 광고 출연으로 사람들에게 신선함을 안겨주었다.

오뚜기는 2018년 평창 동계올림픽 및 동계패럴림픽의 공식 후원사로 활동하기도 했는데, 대회를 찾는 각국 선수와 관중, 대회 운영 인력을 위해 라면과 오뚜기밥을 제공하고 경기장 매점에서도 오뚜기 제품을 판매하면서 올림픽 기간 동안 세계인을 대상으로 다양한 이벤트와 마케팅을 펼쳤다. TV 광고도 적극적으로 진행했다. 봅슬레이 국가대표 팀과 우리나라의 대표적인 스피드스케이팅 선수인 이승훈, 모태범을 모델로 한 진라면을 비롯해 아이스하키 남자국가대표팀을 모델로 기용한 컵밥 광고가 전파를 탔다. 아울러 오뚜기는 대한민국 선수단의 선전과 금메달 획득의 염원을 담아 한정판 '2018 평창 동계올림픽 기념 진라면 골드 에디션'도 출시하는 등 스포츠 마케팅에 박차를 가했다.

화제 예감 꿀조합 레시피
순두부 열라면

유난히 기력 없는 날이 있는데, 이때가 바로 몸과 입을 함께 즐겁게 해줘야 할 순간이다. 몽글몽글한 순두부가 열라면의 얼큰한 매운맛을 부드럽게 감싸주는 별미로 도망간 입맛을 찾아보자.

재료(1인분 기준)
오뚜기 열라면 1개, 물 300ml, 순두부 1/2개, 달걀 1개, 대파 약간, 오뚜기 순후추 약간, 청홍고추 약간

만드는 방법
① 냄비에 물, 건더기 스프 1봉, 순두부를 넣고 끓인다.
② 물이 끓으면 분말 스프 2/3봉, 면 1/2개를 넣고 3분 30초를 더 끓인다.
③ 더 끓이는 도중에 달걀, 대파, 청홍고추를 올리고 오뚜기 순후추를 톡톡 뿌린다.

2020년대 We are the world

2020년대, 전 세계를 강타한 코로나19 팬데믹은 일상의 모든 것을 바꿔놓았다. 특히 식생활은 큰 변화를 겪었다. 코로나19의 영향으로 비대면 문화가 확산되며 외식은 줄고, 집에서 먹는 식사가 늘었다. 그와 동시에 '혼밥'과 간편식이 필수가 되었다. 그 어떤 시대보다도 음식을 혼자, 빠르게, 그렇지만 면역력을 챙길 수 있도록 제대로 먹어야 했다. 그 때문에 가장 크게 바뀐 식문화는 음식을 배달받거나 온라인으로 주문하는 생활이 자연스러워졌다는 점이다. 서울먹거리통계조사에 따르면 코로나19 이전에 비해 이후 배달 및 포장 음식에 대한 소비 지출이 49.2% 증가했다.

2020년대는 그저 간편히 한 끼를 차려 먹는 데서 한 단계 더 나아가 '나만의 식사 스타일'을 만드는 단계로 진화했다. 배달 앱 덕분에 세계 각국의 음식을 얼마든지 집에서 먹을 수 있게 되었고, 유명 맛집의 음식들이 밀키트로도 판매되면서 선택지가 폭넓어진 것이다. 그와 동시에 삶의 방식은 더 유연해졌다. 누군가는 1인 가구로, 누군가는 재택근무자로, 또 다른 누군가는 육아와 일을 병행하는 워킹맘으로, 소비자들은 각자의 일상에 맞는 식사의 해답을 찾아나갔다. 다양해진 라이프스타일 속에서 이제 사람들은 무언가를 먹는 순간을 통해 삶을 좀 더 여유롭게 만드는 데서 의미를 찾게 되었다.

식문화 판을 뒤흔든 인플루언서와 맛집

소품, 화장품, 패션 등의 영역에서 셀러브리티(셀럽)나 인플루언서가 SNS를 통해 대중의 구매 욕구를 자극하곤 한다는 걸 우리는 익히 잘 알고 있다. 그들의 영향력은 이제 식문화로도 확대되고 있다. 순두부 열라면이 그 예다. X(트위터)의 인플루언서 '마포농수산쎈타'가 자신의 SNS에 매운 라면과 순두부 조합의 레시피를 공개했고, 이 레시피가 여러 SNS로 전파되면서 반복적으로 바이럴되었다. 열라면 특유의 매운맛을 순두부가 중화시켜 적당히 매운맛을 만들고, 새로운 식감까지 즐길 수 있는 조리법에 열라면의 매출이 지속적으로 늘었다.

MBC 《나 혼자 산다》에서 가수 규현은 체중을 관리하기 위해 배달 음식 대신 저당으로 직접 요리해서 먹는 생활을 보여주었는데, 이때 화제가 된 것이 저칼로리로 알려진 '컵누들 매콤한 맛'을 활용해 다이어트 잡채밥을 만드는 장면이었다. 이 레시피가 각종 SNS에 회자되며 컵누들에 대한 대중의 관심도

고기리 막국수와 오뚜기가 협업하여 출시한 고기리 들기름 막국수

더욱 커졌다.

식품 업계에서는 이와 같은 방식을 마케팅 전략에 활용하기 시작했다. 오뚜기는 자사 제품을 활용한 레시피 콘텐츠를 SNS에 확산시키는 한편, MZ 세대가 자발적으로 바이럴할 만한 컬래버레이션 제품을 다수 출시하기도 했다. 대표적으로 2021년 출시한 '고기리 들기름 막국수'를 들 수 있다.

맛집으로 유명한 경기도 용인의 '고기리 막국수'와 오뚜기가 협업한 제품이다. 워낙 인기가 많아 가게에 방문해서 먹으려면 몇 시간을 기다려야 하는 고기리 막국수의 인기 메뉴를 집에서 간편하게 조리해 먹을 수 있다는 데 많은 소비자가 반가움을 표했다. 이 제품이 SNS에 널리 바이럴되며 경쟁 업체들도 너도나도 들기름 막국수 제품을 출시했고, 그때까지만 해도 낯선 메뉴이던 들기름 막국수는 어느새 손쉽게 만들어 먹기 좋은 별미로

PART 1. 먹는 데 진심인 우리의 먹는 문화

자리 잡았다. 오뚜기는 여기서 그치지 않고 2025년 또 한 번 고기리 막국수와 손을 맞잡고, 여름을 맞아 신제품 '고기리 비빔막국수'와 '고기리 물막국수'를 출시하기도 했다.

2020년대에 컬래버레이션은 못 참지

2020년대는 가히 '컬래버레이션의 시대'라고도 할 수 있다. 식품 업계 또한 새로운 조합, 의외의 만남을 통해 대중에게 새로운 방식으로 다가갔다. 밀가루 회사 대한제분은 자사의 북극곰 캐릭터 '표곰이'를 앞세워 공격적인 컬래버레이션을 펼치며 MZ 세대를 중심으로 큰 관심을 받았다. 곰표 티셔츠를 첫 컬래버레이션 아이템으로 출시한 후 곰표 밀맥주, 곰표 패딩, 곰표 팝콘 등을 연이어 선보이며 2030 소비자에게는 다소 낯설었던 '대한제분'이라는 기업을 강렬하게 각인시켰다.

식품 기업 중 가장 컬래버레이션을 활발히 하고 있는 곳을 꼽으면 오뚜기가 자연스레 떠오를 것이다. 오뚜기는 창립 50년이 넘었음에도 다양한 업계와 컬래버레이션을 선보이며 소비자들에게 끊임없이 새로움과 젊음을 전달하고 있다. 먼저 2021년, CJ올리브영과의 협업을 통해 출시한 '크림스프 베이글칩'과 '옥수수스프 베이글칩'을 들 수 있다. 경양식 돈가스 집에서 즐겨먹던 수프 맛을 그대로 담아낸 베이글칩은 낯선 듯 정감 가는 패키지와 맛으로 빠르게 입소문을 탔다. 이때 수프 맛 베이스의 스낵에 대한 소비자들의 긍정적인 반응이 2024년 출시된 '콘크림 스프 팝콘'으로 이어졌다.

2024년 출시된 콘크림 스프 팝콘

　이어서 오뚜기는 서울 강남의 젤라또 맛집 '젠제로'와의 컬래버레이션을 통해 독특한 조합의 젤라또를 출시하기도 했다. 출시한 맛은 '골든밀크'와 '사과식초 소르베'로, 오뚜기의 대표 제품인 강황(카레)과 식초를 내세운 젤라또다. 언뜻 낯선 조합이지만 의외로 이질감 없이 풍부한 맛을 내며 소비자들에게 좋은 반응을 얻었다. 그리고 부산의 '모모스커피'와 협업해 '순후추 바닐라케이크'를 판매하며 소셜미디어에서 화제를 모으기도 했다. 냉동 삼겹살 전문점 '후추네'와 오뚜기의 순후추가 컬래버레이션해 연 팝업스토어 '순후추네'는 냉동삼겹살에 후추를 뿌려먹는 문화에 착안한 행사로, 냉동삼겹살에 직접 오뚜기 순후추를 뿌려서 구워 먹을 수 있고, 진라면 볶음밥, 메추리알 후추 떡볶이 등 오뚜기 제품과 후추를 활용한 메뉴도 제공하면서 행

모모스커피와 협업한 메뉴인 순후추 바닐라케이크

사에 방문한 사람들이 직접 다채로운 경험을 할 수 있게 했다.

이 밖에도 디자인 스토어 '오브젝트'와 연계한 체험형 팝업 스토어 론칭, 패브릭 브랜드 '키티버니포니'와의 협업 제품 출시 등 적극적으로 컬래버레이션을 시도해 소비자와의 접점을 확대하면서 색다른 경험과 재미를 안겨주고 있다. 오뚜기는 요즘 열풍인 브랜드의 힙한 감성과 조화를 이루며 새로운 팬층을 형성하고 있다.

저승사자도 울고 갈 K-식문화의 세계화

세계를 들썩이게 한 애니메이션 영화 《케이팝 데몬 헌터스》는 라면, 김밥, 국밥 등 한국 음식, 그리고 수저 아래 티슈를 깔거나 우울할 때 뜨끈한 국물을 찾는 등의 한국인 식문화에 대한 뜨거운 관심을 일으켰다. 그와 함께 불닭볶음면, 신라면, 진라면 등이 세계적으로 인기를 끌면서 엄청난 양의 K-라면들이 전 세계로

리뉴얼된 글로벌 진라면과 치즈라면

뻗어나가고 있다.

오뚜기는 라면, 카레, 오뚜기밥, 컵밥, 참기름 등 K-푸드의 정체성을 대표하는 핵심 제품들을 미국, 베트남, 뉴질랜드, 중국 등 해외법인이 위치한 주요 거점을 중심으로 현재 전 세계 60여 개국에 수출하고 있다. 각국의 식문화와 취향을 세밀하게 분석해 현지 소비자에게 자연스럽게 스며들며 큰 호응을 얻고 있다.

특히 BTS 진이 모델인 진라면은 'JIN Campaign'을 통해 글로벌 소비자에게 단순히 라면만을 광고하는 것이 아니라 진 사진이 담긴 씰스티커와 함께 진라면을 구성하거나, 진 콘서트 현장에서 진라면 에디션과 티셔츠를 제공하는 등 문화적 경험을 제공했다는 점에서 의미가 크다.

한국식 라면에 세계가 주목하는 와중에 '치즈라면' 또한 'CHEESY라면'으로 최근 리뉴얼하며 특히 미국에서 폭발적인 인기를 끌고 있다. 국물형과 볶음면을 포함한 4종의 제품으로 다양성을 확대한 CHEESY라면 시리즈는 K-라면이 가진 새로운 가능성과 확장성을 보여주고 있다.

삼양식품의 불닭볶음면도 세계화에서 빼놓을 수 없는 제품이다. 불닭볶음면은 라면 업계에서도 흔치 않은 강도 높은 매운맛을 내세운 제품인데, 매운맛을 부드럽게 한 까르보불닭볶음면과 로제불닭볶음면 등 제품을 다양화하며 여러 입맛을 가진 이들도 사로잡고자 했다. 또한 각국 식문화를 반영한 현지 맞춤형 제품도 출시해 K-식문화의 세계화를 도모했다. 일본에는 야끼소바불닭, 중국에는 마라불닭, 동남아는 똠얌불닭 등 각국의 입맛에 맞춘 제품을 출시하고, 중국·미국·유럽 등 주요 거점에 법인을 설립해 유통망을 강화하는 등 세계화에 더욱 힘쓰고 있다.

누구나 즐길 수 있는 차별 없는 식문화

이처럼 한국 음식이 세계 곳곳으로 퍼져 나가며 다양한 문화권의 사람들이 즐기게 된 동시에, 국내에서도 남녀노소와 장애 유무를 불문하고 누구나 차별 없이 음식을 즐길 수 있도록 하려는 노력이 이어졌다. 대표적으로 오뚜기의 점자 용기 도입을 들 수 있다. 한번 생각해 보자. 식품을 고를 때는 포장지를 가장 먼저 보게 된다. 어떤 맛인지, 조리 방법은 어떤지, 유통기한은 언제까지인지 확인하기 위해서다. 그런데 눈으로 정보를 확인할 수 없다면 식품을 고를 때 무엇을 참고할 수 있을까?

오뚜기는 2021년 9월 국내 라면 업계 최초로 컵라면 전 제품에 점자 표기를 도입했다. 특히 최근에는 점자 표기 범위를

점자 표기를 도입한 컵라면 광고

컵밥, 케찹, 마요네스 등 다양한 품목까지 확대하고 있다. 제품명, 물 붓는 선, 유통기한, 조리법, 전자레인지 사용 가능 여부 등을 손끝으로 확인할 수 있게 한 것이다. 인쇄 방식도 점자 배경은 검은색, 점자는 흰색으로 대비를 높여 저시력 시각장애인도 쉽게 인식하도록 설계했다.

이러한 인쇄 방식은 사용자를 중심으로 한 세심한 연구에서 탄생했다. 오뚜기는 한국시각장애인연합회의 도움을 받아 설문조사와 검수를 시행했고, 3개월에 걸쳐 FGI(포커스그룹인터뷰)를 함으로써 누구보다도 점자를 이용할 사용자들에게 친화적인 제품을 출시할 수 있었던 것이다. 이후 오뚜기는 모든 라면 컵에 점자 표기를 적용하고 있으며, 라면 외의 제품에도 점차 확대해 나갔다. 이러한 노력은 2022년 시각장애인의 권리를 보장하기 위해 지정된 '흰지팡이의 날' 기념 감사패를 수상하고 2025년에는 세계포장기구(WPO)가 주관하는 '월드스타 어워즈WorldStar Awards'에서 수상하는 등 국제적으로 인정받기도 했다. 오뚜기가 최초로 점자 표기를 적용한 후 농심, CJ제일제당, 롯데제과, 동서식품도 일부 제품에 점자 표기 도입을 검토하거나 시범적으로 적용하는 등 변화를 보여주었다. 이러한 변화는 단순히 제품의 포장을 바꾸는 차원을 넘어, 누구나 차별받지 않고 음식을 선택하고 즐길 수 있는 환경을 만들어가는 움직임이라는 데서 큰 의미가 있다.

Hidden 화제 예감 꿀조합 레시피
라면보나라

자작자작한 국물에 고소한 버터 향, 치즈의 감칠맛까지 더해지면 까르보나라 저리 가라, '라면보나라'의 냄새가 순식간에 퍼져나간다. 익숙한 재료로 낯설지만 탐나는 조합을 완성해서 입 안 가득 퍼지는 꾸덕한 풍미를 음미해 보자.

재료(1인분 기준)
오뚜기 진라면, 오뚜기 순후추, 달걀 1개, 버터 한 조각, 파마산 치즈가루 2큰술, 물 450ml

만드는 방법
① 냄비에 물을 넣고 끓기 시작하면 분말 스프를 넣는다.
② 면을 넣고 더 끓이다 익으면 따로 건져 뺀다.
③ 냄비 속 국물에 건더기 스프를 추가한다.
④ 건진 면에 버터 한 조각, 국물 반 국자, 달걀 1개, 파마산 치즈가루 2큰술을 넣고 잘 비빈다.
⑤ 취향에 맞춰 국물을 면 위에 더 부어준다.
⑥ 마지막에 순후추까지 살짝 뿌려주면 꾸덕한 라면보나라 완성!

Bonus Hidden 화제 예감 꿀조합 레시피
오동통 어묵탕

오동통한 면발과 다시마 2개를 우려낸 깊고 얼큰한 국물이 매력적인 오동통 면을 어묵탕으로 즐길 수 있다. 쫄깃한 어묵과 칼칼한 청양고추를 더하면 캠핑 요리로 제격이다. 가까운 사람들과, 혹은 혼자서 쉽게 만들고, 깊이 즐겨보자.

재료(1인분 기준)
오동통면 1봉, 물 600ml, 사각 어묵 4장, 청양고추 2개, 쑥갓 20g, 고춧가루 약간

만드는 방법
① 어묵 3장은 꼬치에 꽂아 준비한다.
② 어묵 1장은 얇게 채썰어준다.
③ 물 600ml에 다시마 2개와 분말 스프, 건더기 스프를 넣고 끓여준다.
④ 물이 끓으면 어묵과 청양고추, 면을 넣고 4분 30초간 더 끓인다.
⑤ 청양고추를 넣고 고춧가루를 뿌려준 뒤 30초 더 끓인다.
⑥ 마지막으로 쑥갓을 올려준다.

경험
#공간_경험 #로컬 #체험

브랜드 공간
맛집의 변화
유통의 변화
야구장 먹거리

취향
#개인화 #취향_소비 #지속가능성

컬래버레이션 열풍
취향과 감성 도구
혼자와 사회생활
아침의 변화
환경과 사회 공헌

먹는 문화에서 찾은 트렌드

소통

#콘텐츠 #미디어_소통 #라이프스타일

소통 방식의 변화
방송의 변화
고령화 사회
브랜드와 캐릭터

취향

#개인화
#취향_소비
#지속가능성

컬래버레이션 열풍
취향과 감성 도구
혼자와 사회생활
아침의 변화
환경과 사회 공헌

컬래버 열풍:
오뚜기와 농심의 컬래버레이션, 누가 승인했나요?

모든 브랜드는 새로움과 지루함 사이에서 줄다리기를 하고 있다. 새로운 브랜드가 나타나 대세가 되려면 소비자에게 '나도 경험해 보고 싶다'는 욕구를 자극하는 것이 중요하다. 또 브랜드의 철학이 공감을 불러일으키면서 더 알아보고 싶다는 지성의 욕구를 자극하는 것도 중요하다. 하지만 모든 브랜드의 목표는 반복적으로 구매하는 '습관'으로 자리 잡는 것이다. 오픈런을 할 정도로 화제가 되고, 없어서 못 팔 정도로 인기를 얻은 빵이라 할지라도 특별한 이유 없이 늘 사는 브랜드가 되어야 안정적인 규모의 매출이 나온다.

반면 습관의 브랜드로 자리 잡은 브랜드의 고민은 새로움이다. 식품 브랜드 중에는 오래되고, 매출도 높고, 자산도 있고, 대한민국 사람 모두 경험해 봤지만 무난함 외에는 별다른 이미지를 떠올리기 어려운 브랜드들이 있다(굳이 어떤 브랜드라고 언급하지는 않겠다. 필자도 식품 기업과 일을 계속해야 하기에).

　기업 차원에서 이런 브랜드들은 잊히는 브랜드다. 역사와 매출 규모 면에서는 기업의 히어로일지라도 신선함을 유지하기 위해, 소비자가 다시 돌아보게 하기 위해 브랜딩 활동이 필요하다. 다시 말하면 브랜드는 습관으로 자리 잡기를 지향하지만, 습관으로 자리 잡고 나면 지루해지지는 않아야 한다. 이를 위해 과거에 기업들이 선택한 가장 흔한 방법이 바로 TV 광고였다. 사람들이 많이 보는 TV 프로그램 앞뒤에 우리 브랜드를 큰 소리로 부르는 광고를 트는 것이다. 예를 들어 아직까지도 우리 귀에 익숙한 '일요일은 오뚜기 카레'라는 카피의 광고를 들 수 있다.

　하지만 지금은 모두가 같은 걸 보지 않는 시대다. 사람들은 끊임없이 무언가를 보지만, 일방적으로 송출하는 광고를 담아낼 미디어는 과거의 수십, 수백 배로 늘어났다. 결국 지금 같은 시대에 브랜드가 잊히지 않기 위해서는 소비자가 자발적으로 SNS에 브랜드의 이야기를 싣고, 다른 사람들이 그 이야기를 퍼 날라야 한다. 그래서 이제 브랜드에게는 '소비자가 SNS에 우리 브랜드를 언급할 이야깃거리를 제공할 것'이라는 새로운 과제가 생겨났다.

캐릭터, 아이돌, 웹툰까지, 무궁무진한 컬래버레이션의 세계
　컬래버레이션은 브랜드가 제공하는 이야깃거리 중 가장 오래되고 흔하지만 여전히 유효하고, 앞으로도 유효할 방법이다.

크리스피크림 도넛X포켓몬 에디션 도넛 출시 포스터

컬래버레이션의 대표적인 사례는 지식재산권을 지니고 있는 캐릭터와 협업해 자사 브랜드의 한정판 신제품을 만드는 것이다. 대표적인 사례는 '포켓몬 빵'이다. 초코 빵 제조사가 지식재산권을 지닌 캐릭터와 컬래버레이션해 기존의 초코 빵 봉지 안에 포켓몬 캐릭터 스티커를 넣고, 컬래버레이션이 진행되는 동안 봉지의 패키지 디자인을 포켓몬 캐릭터가 들어간 것으로 바꿨다. 1990년대 후반~2000년대 초반 처음 등장한 포켓몬 빵은 큰 화제가 되었고, 이는 2010년대에도, 2020년대에도 큰 인기를 끌었다.

 필자가 속한 생활변화관측소에서는 매주 뜨는 브랜드 상위 10개를 확인하는데, 2025년 5월 첫 주에만 세 개의 식음 브랜드가 컬래버레이션을 통해 화제의 브랜드 10위 안에 등극했다. 배스킨라빈스와 헬로키티가 만난 아이스크림 케이크, 노티드도

SNS 인기 레시피로 화제가 된 이후 실제 제품으로 출시된 크림진짬뽕

넛과 카트라이더가 만난 도넛과 음료, 크리스피크림도넛과 포켓몬이 만난 기념으로 나온 신제품 도넛 4종이 그 주인공이었다. 컬래버레이션의 대상도 점점 확대되는데, 헬로키티나 포켓몬과 같은 고전적인 캐릭터부터 카트라이더 같은 게임, 그리고 아이돌과 웹툰 주인공까지, 1990년대에 처음 시작된 컬래버레이션은 21세기에도 여전히 유효할뿐더러 확장 가능성도 무궁무진하다. 팬들은 자신이 좋아하는 캐릭터 제품을 구입하기 위해, 굿즈를 간직하기 위해 줄을 서서 제품을 구매하고 인증한다. 팬이 아닌 사람들도 달라진 디자인에 한 번씩 눈길을 주고, 팬들이 오픈런을 위해 길게 줄을 서면 '이 줄 실화냐', '엄청난 화제다' 등의 이야깃거리가 SNS에 속속 올라오며 화제가 되곤 한다.

소비자가 기획한 컬래버레이션, 꿀조합 레시피

포켓몬이나 카트라이더와의 만남이 브랜드에서 주도하는 컬래버레이션이라면 '꿀조합 레시피'는 소비자가 만들어내는 협업이다. 튀김우동과 오뚜기 카레의 조합은 농심의 마케팅도, 오뚜기의 마케팅도 아니었다. 그저 한 소비자가 '튀김우동을 쉽고 맛있게 먹는 꿀조합'을 자발적으로 자신의 X에 올린 게시글 하나가 널리 퍼진 것이다.

레시피를 공유하는 자발적 바이럴은 소비자가 만드는 컬래버레이션이다. 짜파구리(짜파게티+너구리), 순두부 열라면(순두부+열라면), 불닭게티(불닭볶음면+짜파게티) 등 먹거리 조합에 대한 제안과 시도는 끝이 없다. 한국인의 라면에 대한 애정도 끝이 나지 않는다. 저가일수록 도전하기 쉽고, 실패에 대한 부담이 적어 시도해 볼 여지가 많다. 라면과 더불어 저가 커피 브랜드 관련 꿀조합이 많은 이유다.

소비자가 만든 컬래버레이션을 대하는 브랜드의 자세도 중요하다. 브랜드 입장에서는 꿀조합이 만들어질 만한 신제품을 내는 것도 중요하지만, 소비자가 우리 제품을 꿀조합으로 언급했을 때 반응을 보이는 것이 우선이다. '나도 보고 있고, 같이 놀고 있어요'라는 브랜드의 응답이 있으면 꿀조합은 한번 더 바이럴될 수 있다.

열라면에 순두부를 넣은 레시피가 인기를 끌 때는 공식 채널에서 '이렇게 먹으면 맛있어요'와 같은 레시피를 공개했다. 상품을 출시하지는 않았지만, 소비자가 어떤 반응을 보이고 있는지 알고 있다는 사실을 알린 것이다. 상품을 내느냐 마느냐보다 중요한 것은 소비자가 만든 컬래버레이션에 반응하는 것이다. 브랜드는 소비자와 캐치볼을 하듯 반응을 주고받아야 한다.

동종 업계 컬래버레이션, 경쟁자가 아니라 친구다

모든 컬래버레이션이 소비자의 관심을 받는 것은 아니다. 그렇다고 항상 팬덤이 두터운 캐릭터와 컬래버레이션을 할 수 있는 것도 아니다. 팬덤 외에 소비자가 관심을 보이는 경우는 예상하지 못한 컬래버레이션이 성사되었을 때다. 대표적으로 롯데제과(롯데웰푸드)와 끼리크림치즈의 컬래버레이션을 들 수 있다. 첫째는 동종 업계의 만남이라는 점, 둘째는 롯데제과의 대표적인 제품 4종(칸쵸, 빈츠, 찰떡파이, 카스타드) 모두 진행했다는 점, 셋째는 이 4종을 모두 파는 곳이 많지 않아 구하기 어려웠다는 점 때문에 이 협업은 소비자들의 큰 관심을 받았다. 사람들은 롯데X끼리 코너가 마련되어 있는 마트 사진을 올리고, 한 번에 4종을 모두 사 와서 '내가 다 먹어보니 역시 빈츠가 최고', '아니, 칸쵸가 최고, 이건 정식 제품으로 출시돼야 한다', '무슨 소리, 찰떡파이가 찰떡이다' 같은 말들로 이 중 어느 것이 최고인지 품평을 벌였다. 신기해서 한 번, 구하기 어려워서 한 번, 나의 의견을 더할 수 있어서 다시 한번 이야깃거리가 된 것이다.

동종 업계의 컬래버레이션은 특히 오래된 식품 브랜드라면

소비자들이 만들어낸 빙그레 엑설런트×크라운 쿠크다스, 롯데 빵빠레×해태 홈런볼, 빙그레 투게더×오리온 포카칩의 컬래버레이션

주목해야 할 방법이다. 오래된 식품 브랜드에 대해서는 소비자들도 경험치가 충분히 쌓여 있기에 꿀조합 레시피도, 분명한 경쟁사도 인식하고 있다. 이를 이용해 경쟁사와 컬래버레이션을 하면 소비자들에게 신선함과 재미를 전할 수 있다. 위의 이미지는 코로나 기간 동안 유행했던 아이스크림과 과자의 꿀조합이다.

컬래버레이션에도 세계관이 필요하다

어떤 아이스크림 프랜차이즈는 스누피, 포켓몬, 쿠로미 등 인지도가 높은 캐릭터와 거의 매달 컬래버레이션을 진행한다. 하지만 협업이 잦고, 협업하는 대상 브랜드의 인지도가 높음에도 불구하고 정작 어떤 컬래버레이션이 언제, 왜 진행되는지 소비자가 인지하기는 어렵다.

반면 어떤 햄버거 프랜차이즈는 해마다 여름에 한국의 지역과 컬래버해 지역 특산물을 재료로 한 신메뉴를 출시한다. 2021년 8월 창녕갈릭버거를 시작으로 2024년 8월에는 진도대파버거,

2021년 출시 이후 2025년 재출시한 창녕갈릭버거

2025년 7월에는 익산고구마모짜렐라버거와 머핀을 출시한 것이 그 예다. 또 어떤 커피 프랜차이즈는 한 해의 끝자락마다 다이어리를 주는 이벤트를 진행하는데, 그때 문구 전문 브랜드나 컬러 전문 브랜드와 컬래버레이션을 진행한다. 소비자들은 연말마다 '올해는 어떤 브랜드와 협업해 어떤 다이어리가 출시될까' 궁금해하며 기다린다.

브랜드를 환기시키는 컬래버레이션은 일회성인 것 같지만 휘발성은 아니다. 컬래버레이션은 한정된 시기에만 팔아야 희소성이 높아지며 그 가치가 유지되지만, 동시에 일관된 세계관 안에서 반복될 때 소비자에게 각인되고 결과적으로 브랜드의 자산으로 남는다. 아무 이유나 동기가 없는 컬래버레이션이 아니라 특정 시기마다 돌아오거나, 특정 주제로 반복되거나 혹은 특정 세대가 공유하는 기억을 환기하는 식으로 일관적인 컬래버레이션을 할 필요가 있다.

일례로 '레트로'는 과거와의 컬래버레이션이다. 칠성사이다가 보여주는 일련의 행보는 과거와의 컬래버레이션, 즉 레트로와 연관이 돼 있다. 사이다 74주년 기념 칠성사이다 레트로 에디션 한정 판매, 익선동에서 진행한 '시간을 달리는 칠성스테이션' 팝업스토어, 재래시장으로 찾아가는 팝업스토어 등 칠성사이다는 한국의 근대와 함께 성장했다는 브랜드 자산을 현행화하는 데 주력하고 있다.

그런가 하면 SPA 패션 브랜드 스파오SPAO는 30대의 심금을 울리는 캐릭터 컬래버레이션의 장인으로 통한다. 현재 30대인 90년대생들에게 지대한 영향을 끼친 채널은 애니메이션 전문 채널 '투니버스'다. 이들은 투니버스를 통해《짱구는 못말려》, 《달빛천사》 등을 보고 자란 세대다. 90년대생들에게 이 콘텐츠와 캐릭터는 과거의 추억일 뿐 아니라 현재진행형이기도 하다. 이들은《짱구는 못말려》극장판을 아직도 소비하며, 짱구 컬래버 잠옷을 입고 '짱구 아빠'가 보여준 긍정적인 면모들을 종종 반추하곤 한다. 아마 스파오의 컬래버레이션을 추진하는 실무진은 투니버스를 보고 자란 사람일 것이다.

2025년 5월 프로야구단 두산베어스와의 협업 컬렉션 역시 동년배의 의견을 물어 나온 결과다. 2025년 스파오 컬래버레이션 선호도 조사에서 도출된 '캐릭터 외의 카테고리로 스포츠 분야를 선호한다'는 의견을 반영한 것이다. 스파오는 컬래버레이션 제품으로 데님 셔츠 유니폼, 윈드브레이커, 후드 집업 등 실용적이면서도 차별화된 제품을 출시하며 화제가 되었다. '동년

배의 감성을 건드리자', 이것이 스파오의 컬래버레이션이 주는 교훈이다.

취향과 감성 도구:
CJ ENM 오덴세를 아시나요?

　대한민국 식탁에서 가장 바뀐 것을 꼽자면 '플레이팅'일 것이다. 지난 10년 동안 우리 식탁의 변화는 첫째 음료의 부상, 둘째 메뉴의 변화, 셋째 식탁의 배경 변화로 요약할 수 있다. 식탁 연관어로 커피가 밥을 역전하고, 술과 음료가 부상했다. 메뉴로는 파스타와 라면, 솥밥, 샤브샤브 등 한 그릇으로 식사가 가능한 메뉴들이 부상했다.
　이런 메뉴들의 특징은 조리가 간단하고, 재료의 무한 조합이 가능하고, 1인분만 만들어도 맛있다는 것이다. 한 그릇 음식을 부르는 말도 다양해졌다. '원플레이트', '원보울', '원팬' 등, 이런 표현들은 '#1인분레시피'라는 해시태그와 함께 쓰인다. 된장찌개는 1인분만 끓이기가 쉽지 않다. 용케 1인분만 끓인다 하더라도 된장찌개만으로 한 끼 식사를 해결할 수 없다. 밥도 있어야 하고, 반찬도 한두 가지는 더 있어야 식사가 된다. 반면 대

한국인의 전통 상차림에서 현대 상차림으로의 밥상 변화

표적인 한 그릇 음식으로 꼽히는 파스타는 조리한 도구에 그대로 두고 먹을 수도 있고, 밥이나 추가 반찬도 필요 없다. 이처럼 효율적인 데다 근사한 사진을 찍기에도 적합한 한 그릇 음식들은 한국인의 전통적인 밥상을 밀어내고 현대인의 밥상을 차지하고 있다. 전통 상차림은 주식과 부식이 뚜렷이 나뉘고 밥, 국, 김치, 반찬 등 적어도 다섯 가지 이상의 그릇이 쓰이며 밥상은 짙은 나무색이다. 반면 현대 한국인의 상차림은 보통 넉넉한 한 그릇에 음식이 담겨 있고, 주변은 오브제로 채워진다. 음식과 오브제가 모두 돋보이는 흰색 식탁이 선호된다. 한 그릇 음식 옆에는 찌개와 국, 반찬 대신 식탁을 풍성하게 해주는 조명과 식물, '밥친구' 콘텐츠를 플레이할 노트북과 태블릿PC가 올라왔다.

#밀리에서 직접 기획하고 만든

밀리 오리지널

2025 런던 도서전 화제작!

남겨진 자들의 슬픔을 안아주며,
사랑하는 이들을 잃은 모두를
위로하는 성장 서사

《귀화서, 마지막 꽃을 지킵니다》 김선미 장편소설

밀리의 서재 종합 베스트셀러 1위

일도, 인간관계도 술술 풀리는
'대화의 감' 키우는 실전 문해력 수업!

《도파민 인류를 위한 대화의 감각》 이승화 지음

취향과 경제를 잇는 토스의 인사이트

재무제표 해석과 현업의 비하인드로
파헤치는 소비문화 이면의 경제 이야기

《B주류경제학》 이재용·토스 지음

ORIGINALS

#읽던 지점 그대로
밀리 페어링

언제 어디서든 막힘 없는 독서
종이책, 읽다 만 그곳부터 전자책으로 가볍게!

지금 이 책, 밀리 페어링으로 즐기는 방법!
QR 코드를 스캔해보세요.

밀리의서재

'#온더테이블'이 가져온 혁명

이 변화는 2016년, '온더테이블'이라는 말과 함께 시작되었다. 온더테이블은 우리 집 밥상을 찍어 올릴 때 쓰는 해시태그다. 보통 외식이나 배달 음식이 아니라 내가 만든 집밥, 잔치나 파티보다는 단출한 식사에, 평범해 보이지만 메뉴와 식기, 식탁, 주변의 인테리어까지 완벽한(적어도 거슬림이 없는) 밥상 사진을 항공 샷으로 찍어 공유할 때 '#온더테이블'이라는 해시태그를 사용한다.

이 말은 마켓컬리에서 가장 먼저 사용한 것으로 추정된다. 영어 'on the table'은 이미 외국에서 많이 사용되었지만, 이를 한국식으로 음차 표기한 '온더테이블'이란 해시태그가 관측된 것은 2015년 5월 마켓컬리의 등장 이래였다. 2016년부터 일반 소비자의 SNS에서도 온더테이블이라는 해시태그가 사용되었고, 이 키워드는 빅데이터에서 2019년까지 상승세를 보였다. 지금은 상승세는 없지만 여전히 활발히 사용되고 있는 메가 키워드다.

2015년 당시 새로운 브랜드였던 마켓컬리(2014년 12월 31일 설립)는 자신을 설명하기 위해 다양한 해시태그를 함께 사용했다. 마켓컬리의 특수한 유통 방식을 설명하는 '새벽배송', '샛별배송', 그리고 대표적인 상품인 '유기농 계란', '간장', 그리고 마켓컬리가 지향하는 문화 키워드 '온더테이블' 등이었다. 유통업에서 주목한 것은 새벽배송이지만, 소비자가 주목한 것은 온더테이블이었다. 마켓컬리가 제안하는 새로운 식탁 플레이팅, 잡지처럼 꾸며진 밥상, 거기에 사용된 재료들과 식기들, 사진 각도(항공 샷), 식탁 인테리어가 대한민국의 밥상을 바꿨다. 식탁은 사진의 배경이 되기 위해 하얀색이 선호되었고, 메뉴로는 한 그릇 음식, 과일은 색깔 대비가 명확한 초록색과 빨간색 과일이 선호되었는데 딸기와 방울토마토, 샤인머스캣, 아보카도가 대표적이다. 마켓컬리에서 소개하기 전에 한국에서는 아보카도를 거의 먹지 않았다. 그릇은 항공샷으로 찍었을 때 모양이 독특하고 색이 뚜렷한 브랜드가 선호되었다. 한국인의 밥상을 주로 채우고 있던 'OO 도자기' 류가 아니라 르쿠르제, 스타우브, 오덴세, 커틀러리 브랜드 큐티폴 등이 새로 소개되었다.

오덴세는 필자가 신혼부부를 연구할 때 처음 알게 된 브랜드다. 신혼부부는 감성과 취향이 더해진 밥상을 지향하는 브랜드의 첫 번째 타깃이다. 이들은 그릇 브랜드에 가장 신경 쓰고, 식구는 둘이지만 밥상에 쓰는 그릇 개수가 가장 많다는 특징이 있다. 또 함께 집을 꾸렸다는 점을 강조하기 위해 외식보다 집밥에 더 신경을 쓴다. 신혼부부부터 시작된 감성 식탁은 아이가 있는 집, 1인 가구로 퍼져나간다.

오덴세는 신혼부부가 선호하는 브랜드로, 이름만 들으면 북유럽 어딘가에서 온 것 같지만 CJ ENM의 브랜드 사업 전문 자회사 브랜드웍스코리아가 운영하는 한국 브랜드다.

오덴세는 콘텐츠와 커머스가 결합한 대표적인 사례다. CJ ENM의 방송 《스페인 하숙》에 오덴세 그릇이 보이면 소비자들은 '저 그릇 예쁘다'고 인지한다. 그리고 CJ 오쇼핑에서 판매하는 오덴세 그릇을 구매하게 된다. 판매를 목적으로 먼저 《스페인 하숙》에 노출시킨 사례로, 이불을 팔기 위해 우선 호텔에 이불을 납품한 후 호텔 이불, 호텔 수건이라는 이름으로 판매하는 것과 같은 이치다.

여기서 눈여겨볼 점은, 소비자가 참고하는 레퍼런스가 '우리 엄마 식탁'이 아니라 《스페인 하숙》 같은 방송 콘텐츠라는 점이다. 일반 소비자들이 TV에 나온 그 집을 내 집으로 들여오고자 한다. 즉, 요즘 소비자의 브랜드 선택 기준은 '방송 카메라에 얼마나 예쁘게 비쳤는지'이지, 과거의 전통이나 엄마의 선택이 아니라는 것이다. 이렇게 '온더테이블'에서 시작된 밥상의 변화는 플레이팅을 바꾸고, 그릇 브랜드의 순위를 바꾸고, 소비자의 레퍼런스를 바꿨다.

오뚜기의 카레 그릇 전시회

취향이 깊어지면 도구가 세분화되고, 도구가 깊어지면 예술이 된다. 상품이 깊어지면 역사가 된다. 오뚜기 카레는 오뚜기에서 만든 '상품'이 아니라 하나의 고유명사처럼 자리 잡으며 한식 메뉴가 되었다. 오뚜기 카레는 수십 년째 요리 초보들과 역사를 같이하고 있다. 자취생의 필수템, 유럽 여행 중에도 손쉽게 만들 수 있는 한식 메뉴, 워킹홀리데이를 떠난 청년들의 '생존템'으로 작동한다.

'6주간의 유럽여행. 장에서 감자랑 양파를 사서 한국에서 가져온 오뚜기 카레를 해 먹기로 했다. 인도인 앞에서 오뚜기 카레를 먹는 우리', '호주 워홀 D+116, 카레 만들어 먹은 날! 금방 저녁 시간이 돼서 카레 만들 재료 사러 나왔습니다. 오늘의 저녁은, 바로 카레입니다! 고기랑 감자, 양파 넣어서 해 먹었어요. 오뚜기 카레 최고!' 이처럼 감성보다는 척박한 땅에서의 생존과 가까워 보이는 오뚜기 카레가 공예과 도예 전공자들과 북촌한옥마을에서 카레 그릇 전시회를 열었다.

2024년 10월의 어느 금요일, 평소에 쉽게 들어가기도 어려운 규방도감집 문 앞에 드리운 천을 걷고 들어간 순간부터 매료되었다. 한옥 특유의 우아함과 그 안에 전시된 도자기 그릇들의 정갈함, 오뚜기 브랜드가 전면에 드러나 있지는 않지만 '오뚜기 카레 그릇 전시회'라고 했기에 느껴지는 재치, 우리가 아는 그 '카레'를 담는 그릇이라고 하니 찾아볼 수 있는 실제적인 감각……. 그저 서울대 공예과의 도자기 전시회라고 했다면 느낄 수 없는 것들이었다.

이 '오뚜기 잇 카레그릇' 전시는 서울 종로구 북촌 일대에서 열리는 축제 '2024 행복작당 북촌'과 함께했다. 이 프로젝트는 2016년부터 10년째 이어지는 프로젝트로, 잡지 《행복이 가득한 집》을 발행하는 디자인하우스에서 주관하는데 일정 기간 동안 북촌 일대의 한옥에서 브랜드의 팝업과 전시를 동시에 진행한다. 2024년에는 오뚜기, 희녹, 한샘, 보컨셉, 이케아 등의 브랜드가 참여했다. 평소 굳게 닫혀 있던 한옥의 문이 활짝 열리는 날이라고 보면 된다. 참여하는 공간 중에는 누군가의 개인 집도 있고, 한정된 사람만 들어갈 수 있는 프라이빗 공간, 상업

2024년 '오뚜기 잇' 카레 그릇 전시 포스터

공간도 있다. 이 공간들은 북촌 일대에 드문드문 이어져 있어서 지도를 보고 찾아다녀야 한다.

문을 열고 들어서는 순간, 살아 있는 공간과 살아 있는 브랜드가 만나는 지점에 살아 있는 내가 서 있다는 걸 느낄 수 있다. 10월, 서울, 북촌, 한옥, 브랜드. 가상으로는 절대 느낄 수 없는 실체들이다. AI 시대에도 여전히 가치 있는, 아니, AI 시대이기 때문에 오히려 돋보이는 실제적 가치다. 단순히 매출만을 위한 프로젝트가 아니라 문화적인 요소를 담은 의미 있는 활동이라는 데 집중할 만하다. 2024 오뚜기 잇 프로젝트 또한 카레가 가지고 있는 역사와 문화를 도구라는 실제적 가치로 전환하면서 더 생생하게 다가왔다. 환대가 느껴지는 공간인 한옥에서 흙으로 빚은 그릇을 만져보며 나만의 카레를 담은 모습을 상상해보는 일은 문화적인 요소가 문화적 자산이 되는 과정이기도 하다. 이는 오뚜기를 잊을 수 없는 브랜드로 만든다. 그 잊을 수 없는 브랜드가 이렇게 말하고 있다.

"사람의 입 속으로 들어가는 음식을 소중히 여기고, 그 음식을 먹는 사람을 소중히 여깁니다. 그 마음을 전하기 위해 이 자리를 만들었습니다. 그리고 이 자리에 당신을 초대합니다."

오뚜기 잇 카레 그릇 전시회를 담당하고 있는 오뚜기 BX실과 작은 인터뷰를 통해 오뚜기가 도구에 관심을 갖는 이유를 들을 수 있었다.

오뚜기는 '인류 식생활 향상에 이바지한다'는 사시社是를 모든 직원이 외울 정도로 중요하게 여긴다. 이를 기반으로 식문화의 변화를 지켜봤을 때 시간이 지날수록 좋은 음식과 건강한 음식뿐 아니라, 맛있게 먹을 수 있는 환경을 만들어주는 것이 중요해지고 있다는 점에 주목했다. 그중 하나가 식문화 도구다. 식문화 도구의 범주에는 그릇을 포함하여 테이블과 테이블에 올라가는 조명, 오브제 등 음식을 가장 맛있게 먹게 해주는 것이라면 무엇이든 포함된다. 말보다 행동으로 진심을 보이는 데 탁월한 오뚜기는 식문화 도구에 대한 관심도 꾸준히 이어갈 예정이다.

조리도구의 진화 방향: 1인 가구의 선택에서 힌트를 얻자

'카레 그릇'처럼 상품에 따른 도구가 있는가 하면 도구에 따른 상품도 있다. 대표적인 사례는 에어프라이어다. 2018년 초,

이마트트레이더스의 에어프라이어 대란이 일었다. 이 정도 용량에 이 가격이면 '가성비 갑'이라는 입소문과 함께 사람들이 오픈런을 했고, 직원들은 '뛰지 말라'며 안타까운 외침으로 소비자를 만류하는 진풍경이 벌어졌다.

2017년부터 시작된 에어프라이어 열풍은 소비자가 먼저 그 유용함을 발견한 도구다. '1인 가구에게는 밥솥보다도 유용하다'는 밈과 함께 에어프라이어 추천이 이어졌고, 이 열풍은 1인 가구에서 다인 가구로 확산되었다. 소비자 니즈가 확인되자 이마트트레이더스를 비롯한 유통사들의 공급이 이어졌다. 에어프라이어는 브랜드와 디자인이 아니라 성능과 용량이 중요한 가전이어서 유통사의 소싱이 중요했다. 그러면서 에어프라이어로 요리할 수 있는 제품들도 쏟아지듯 출시되기 시작했다. 포장지에 에어프라이어 조리 방법이 쓰인 만두, 감자튀김, 돈까스 등 냉동식품뿐만이 아니다. 고기, 새우, 과자 등 식재료나 기존 제품에도 에어프라이어 활용법이 더해지며 2018년 3분기를 기점으로 '에어프라이어 요리'가 '오븐 요리'를 역전했다.[2]

소비자 니즈, 도구와 콘텐츠에 대한 공급, 1인 가구 증가라는 사회 변화까지, 에어프라이어는 트렌드에 오르는 데 필요한 3박자를 모두 갖췄지만 2020년 2분기부터는 소비자 관심도가 하락했다. 대란이 되기부터 하락할 때까지 약 3년 정도가 걸린 것이다. 이 현상은 1인 가구부터 나타나기 시작했는데, 에어프

---

[2] "도구가 이끄는 도전: 에어프라이어, 어디까지 넣어봤니?", 생활변화관측지, Vol.13.

라이어의 제품 자체에 큰 문제가 있어서는 아니다. 에어프라이어의 신기함이 가라앉으면서 자연스럽게 그 자리를 전자레인지가 대신했기 때문이다. 에어프라이어 요리는 전자레인지로 대체할 수 있지만, 에어프라이어는 전자레인지를 대체할 수 없다. 예를 들어 1인 가구와 떼놓을 수 없는 간편식인 '햇반'은 에어프라이어로는 조리가 불가하다. 에어프라이어를 전자레인지로 대체하는 조리법이 나오기 시작하며 에어프라이어에 대한 열광도 차츰 줄어든 것이다.

다만 에어프라이어가 하락했다고 해서 트렌드를 부정할 필요는 없다. 에어프라이어가 주는 교훈은 확실하다. 도구가 성공하기 위해서는 과정의 번거로움을 없애주는 간편함, 단순한 과정을 거쳤는데도 나오는 결과의 전문성, 무궁무진한 콘텐츠(간식부터 주식까지, 한식부터 양식까지, 붕어빵부터 맛동산까지)가 필요하다는 것.

그리고 한 가지 더, 1인 가구의 선택에서 힌트를 얻을 수 있다는 점도 알 수 있다. 1인 가구는 공간과 예산 면에서 자원이 한정되어 있고, 혼자 모든 것을 해결해야 한다. '대신 해줄 사람'이 없는 이들은 상대적으로 정보에 민감해 신중하게 선택하고, 정보를 나누는 데 적극적이다. 이런 1인 가구가 무엇을 선택하는지가 도구의 미래를 보여준다.

최근 1인 가구로부터 주목받는 조리 도구는 다이소에서 판매되는 5,000원 미만의 도구들이다. 다이소에서 판매되는 핸들 초퍼(다지기), 다이소 찜기(전자레인지에 돌리면 무엇이든 찔 수 있는 그릇), **다이소 파스타 쿠커**(전자레인지로 쉽게 파스타를 삶을 수 있는 그릇) 등 가전제품이라기보다는 아이디어 상품에 가까운 것들이다. 소비자는 끊임없이 새로운 도구를 찾고 있다. 공간을 덜 차지하고, 설거짓거리를 덜 만들고, 활용도가 높으면 소비자의 선택을 받는다. 식품 회사에서도 1인 가구는 우리 고객이 아니라고만 생각하지 말고, 좁은 공간에서 최고의 효율을 만들어내기 위해 고군분투하는 1인 가구의 선택에서 도구의 미래, 메뉴의 미래를 읽어보자. 당장 찜 요리와 파스타 요리에 필요한 소스 시장은 미래가 밝다.

혼자와 사회생활:
대한민국 술판이 변한다

필자는 술을 거의 마시지 않지만, 대한민국의 트렌드를 보기 위해 딱 한 가지 아이템만 봐야 한다면 단연 술을 선택하겠다. 어떤 술을 마시는지, 술과 같이 먹는 안주가 어떻게 변하는지, 누구와 어떤 상황에서 술을 마시는지 등 특히 한국 사회의 소셜라이즈socialize 방식을 가장 잘 보여주는 것이 술이다. 그런데 술의 양상이 팬데믹 기간을 거치며 크게 변화했다. 마시는 술이 달라졌고, 함께 마시는 사람이 달라졌으며 곁들여 먹는 음식도 바뀌었다.

지난 5년간 언급량 추이를 보면 2018년 기준 1위는 맥주, 2위는 소주, 3위는 와인이며 그다음은 큰 차이 없이 막걸리와 위스키, 하이볼 순으로 이어진다. 그런데 2019년 이후, 굳건하던 언급량 추이에 두 번의 역전이 있었다.

첫 번째로 2020년 9월 와인이 소주를 역전했다. 와인은 시

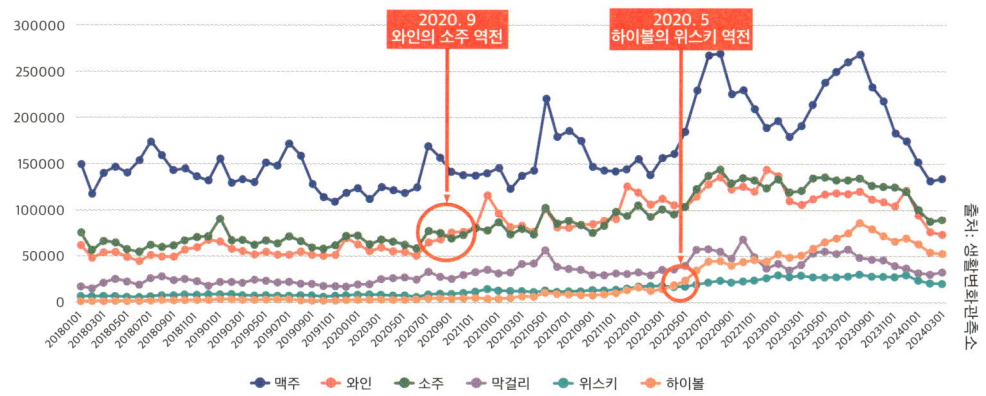

5년간 주류 언급량 추이 비교
2020년에는 와인이 소주를 역전했고, 2022년에는 하이볼이 위스키를 역전했다.

즌성이 있는 술로 12월 크리스마스와 연말 시즌에만 일시적으로 소주를 앞지르곤 했는데, 2020년 9월 이후부터는 소주와 언급량 2, 3위를 다투며 수시로 소주를 역전하는 모습을 보인다. 그 후 와인은 점차 '연말 시즌에만 잘 팔리는 술'이 아닌 '우리의 기본적인 술'로 자리를 잡아가고 있다.

두 번째는 2022년 5월 하이볼이 위스키를 역전한 것이다. 생활변화관측소는 몇 가지 데이터 패턴에 주목한다. 첫째는 키워드와 키워드 간의 역전이며, 둘째는 시즌성이 사라지고 일반화되는 경우다. 먼저 키워드와 키워드 간의 역전은 자주 일어나지 않는다. 예컨대 2013년부터 커피 프랜차이즈 브랜드 순위에서 스타벅스는 한 번도 1위에서 내려오지 않았고, OTT 브랜드 선두 주자인 넷플릭스 역시 다른 OTT 브랜드에 한 번도 자리를 내준 적이 없다.

시즌성이 사라지는 키워드 역시 많지 않다. 이 드문 일을 해낸 대표적인 키워드가 캠핑과 호캉스다. 물론 특정 시즌에 우리 제품이 생각난다는 것만으로도 훌륭한 일이지만, 브랜드는 더 나아가 시즌을 뛰어넘어 1년 내내 소비되는 제품이 되기를 바란다. 캠핑은 주로 5월부터 여름까지 피크를 보이는 키워드였지만, 캠핑이 일반화되고 캠핑장이 많아지며 캠핑 도구도 발달하면서 계절이 허락하지 않는 때에도 갈 수 있는 활동이 되었다. 호캉스도 마찬가지다. 여름에만 잠시 피크를 찍는 데서 나아가 명절 연휴, 5월 연휴, 친구나 가족 혹은 혼자서도 갈 수 있는 여가 문화가 되었다. 와인은 생활변화관측소가 주목하는 이 두 가지 경우에 모두 해당되는 술이다. 부동의 2등 키워드였던

좋은 술의 맛을 경험하고 학습하면서 와인 소비가 늘었다

소주를 역전했고, 연말연시 시즌성의 한계를 극복했다.

소주에서 와인으로, 수직에서 수평으로

특정 마니아층에게만 소비되던 와인은 어떻게 소주를 뛰어넘을 만큼 대중화될 수 있었을까? 코로나 이전 우리의 회식 풍경을 떠올려보자. 고깃집에서 부장님의 애정 가득한 폭탄주 한 잔, 못 마시면 벌주 한 잔…… 그렇게 초록색 병이 쌓여갔다. '힘들다', '싫다', '맛없다' 같은 부정어가 소주와 함께 언급되는 것을 보면, 소주는 주로 억지로 마셔야 했음을 알 수 있다. 과거 회식 문화를 사람들은 이렇게 회고한다('과거가 아닌데'라고 생각하는 직장인이 있을 것이다. 줄었다는 의미와 앞으로는 달라질 거라는 희망을 담아, 이런 회식은 과거의 문화다).

"회식이 싫었던 이유 중 하나는 흔하고 맛없는 음식과 소주, 폭탄주 같은 맛없는 술을 먹어야 하는 것만으로도 부족해서 잔소리까지 들어야 해서 그랬던 것 같다. 좀 좋은 요리에 우아한 술을 마시게 했더라면 회식을 좋아했을 텐데."

와인과 소주의 연관 서술어를 비교해 보면, 와인의 연관 서술어는 '적당한', '가벼운', '새로운', '매력적'처럼, 다채롭고 긍정적인 표현들이다. 맛 표현에서도 '부드럽다', '드라이하다', '풍부하다' 같은 키워드들이 따라온다는 데서 알 수 있듯 와인은 다양한 테이스팅이 가능한 술이다. 유일한 장벽은 '비싸다'였는데, 이 가격의 장벽을 낮춰준 것이 코로나 시기의 재난지원금이었다.

2020년, 정부는 코로나19 위기 대책의 일환으로 긴급 재난지원금을 지급했는데, 이것으로 사람들은 뭘 했을까? 이 사용처는 약간의 여윳돈이 생겼을 때 사람들이 어떤 소비를 하는지 보여주는 계기가 되었다. 평상시의 소비 품목과 재난지원금의 소비 품목 Top 50을 비교한 결과, 재난지원금으로 소비하는 품목으로는 첫째 소고기, 와인, 애플망고 등 비싸서 못 먹던 음식, 둘째 쌀, 생리대 등 늘 필요해서 쟁여두는 생필품, 셋째 가구, 안경 등 오래 사용하는 제품의 교체품, 넷째 선글라스나 문구 등의 취향 제품, 다섯째 카시트, 유모차 등 미리 사두기 좋은 아이 용품 등이 나타났다. 평상시의 소비 품목과는 확연히 다른 포인트들이었다. 와인, 소고기, 이국적인 과일과 디저트 등 약간만 무리하면 언제든 구매할 수 있지만 우선순위에서 밀렸던 항목들이, 공돈이 생긴 김에 기분 좋게 '지르는' 소비처로 등장한 것이다.[3]

와인은 알고는 있으나 선뜻 손이 안 가던, 고기로 치면 소고기이며 과일로 치면 애플망고 같은 존재였지만, 코로나 시기에 좋은 술의 맛을 경험하고 학습한 사람들은 이때 생겨난 취향에 따라 지속적으로 와인을 소비하게 되었다. 소비자가 달라지니 유통도 반응했다. 와인 바가 생기고, 와인 전문 채널이 늘어나고, 일반 레스토랑도 '코키지 프리'를 제공했다. 이러한 유통의 변화는 다시 소비자를 학습시키고, 시장은 더 커지는 결과를 불

---

[3] "재난지원금, 어디에 썼나요?", 생활변화관측지, Vol.17.

러왔다.

'과한 소주'와 '가벼운 와인' 중 후자에 대한 관심도가 높아지는 것은 우리 사회의 변화를 나타낸다. 지독한 분위기의 사회에서 농도가 연한, 즉 서로를 용인해 줄 수 있는 '적당한, 가벼운, 부드러운 사회'로 나아가고 있다는 방증이다. 수직적이고 강제적이었던 술 문화는 점점 수평적이고 서로의 취향을 존중하는 문화로 변화하고 있다. 한국 사회의 트렌드 변화가 와인에서 나타나고, 와인이 한국의 트렌드를 리드한다고 할 수 있다.

와인이 보여주는 한국 사회의 트렌드가 한 가지 더 있다. 바로 정보의 개방성이 가져온 저변 확대다. 코로나 이후 향수, 명품, 와인 소비가 증가했는데, 이 세 가지 제품의 공통점은 정보 공유의 채널이 폐쇄적이었다는 것이다. 향수는 시향회, 와인은 시음회, 명품은 명품 판매 매장에 가야 정보를 얻을 수 있었지만 이곳들에 진입하기는 쉽지 않았다. 실제로 2018년까지 와인 정보를 습득하는 경로는 동호회, 시음회 등 대면 습득이 가장 많았다. 하지만 2019년 이후 유튜브를 통한 정보 습득이 많아졌고 코로나 이후 이 경향은 강화되었다. 유튜브를 통해 많은 사람이, 많은 사람을 대상으로 와인을 활발하게 추천하고 추천받았다. 와인의 종류가 다양한 만큼 관련 정보를 얻고자 하는 소비자들도 매우 많았고, 사람들의 관심이 늘자 정보 공유자도 늘어났다.

'그들만의 리그'였던 좁은 시장이 정보 개방 덕분에 저변이 확대되는 양상은 호텔에서도 나타난다. 특급 호텔 스위트룸은 소비자들의 고려 대상 안에 들어오기도 쉽지 않았지만, 정보가 공유되고 그곳에서 어떻게 행동해야 하는지를 알게 되면 가격이 그대로여도 소비자가 느끼는 경험의 문턱은 낮아진다. 오마카세와 같은 고급 식문화, 럭셔리 시장, 명품 시장도 마찬가지다. 엔트리 경험이 쉽지 않은 시장에서 정보는 경험을 대신해 준다. 이처럼 과거에 특정 VIP만 즐길 수 있었던 누림의 문화는 '정보의 개방성' 덕분에 대중화될 수 있었다.

하이볼이 보여주는 식문화 코드, 변주와 조합

팬데믹 이후 술과 관련한 두 번째 역전의 주인공은 하이볼이다. 2018년 주류 언급량 6위였던 하이볼은 2022년 5월, 위스키를 역전하고 같은 해 12월 막걸리까지 역전했다. 그 이후로 하이볼은 주류 중 언급량 4위를 놓치지 않고 있다. 하이볼은 간단히 말해 위스키에 탄산수를 탄 음료다. 똑같은 위스키지만 먹는 방법이 다른데, 먹는 방법만 달리해도 완전히 다른 술이 될 수 있다.

위스키와 하이볼의 연관어를 비교해 보자. 위스키의 연관어는 디저트, 과일이고 하이볼의 연관어는 식사, 치킨, 고기로 나타난다. 위스키와 하이볼의 가장 큰 차이는 '식사와 함께할 수 있느냐'에 있는 것이다. 위스키는 술로 소비되고, 하이볼은 식사에 곁들이는 음료로 소비된다. 소주, 맥주, 와인 모두 식사와

하이볼과 아이스크림 페어링

함께하는, 정확히는 함께할 수 있는 술이다. 주류는 식사와 함께할 수 있을 때 저변이 확대되고 시장이 충분히 커진다. 하이볼은 '안주'라는 표현과는 잘 쓰이지 않는다. 그 대신 '조합', '페어링'이란 표현을 쓰는데, 이 단어는 하이볼뿐 아니라 식문화 전반에서 증가하는 키워드다.

하이볼은 무궁무진한 페어링의 세계를 안고 있다. 과자 중에서는 특히 '알새우칩'과 어울리고, 아이스크림이나 초콜릿 등 간단한 음식부터 오마카세까지 모두 페어링이 가능하다. 그뿐만 아니라 혼자 마시기도, 여럿이 마시기도, 운동 후에나 다이어트 중에 마시기도 가능하며 콘텐츠를 보며 마시기도 좋다. 하이볼을 즐기는 문화를 하나의 이미지로 떠올려본다면 아이패

드로 혼자 스포츠 중계를 보며 마시는 장면이 대표적이다. 이전이라면 맥주가 차지했을 장면이다. 맥주가 가진 오랜 역사와 편의성, 무엇보다 습관의 벽을 넘기는 어렵겠지만, 지금 주류계의 트렌드는 단연 하이볼이다.

트렌드가 된 하이볼이 우리에게 주는 교훈을 정리해 보자. 트렌드가 되기 위해서는 다음의 네 가지 요소가 필요하다.

첫째, 상징성이다. 술은 소셜라이즈의 상징이었지만 하이볼은 '술 조합을 아는 사람', '나를 대접할 줄 아는 사람'이라는 새로운 상징성을 갖게 되었다. 하이볼은 '혼술'로 마시는 경우가 많고, 그만큼 내 취향대로 마실 수 있는 술이다. 내 취향에 따라, 기분에 따라, 상황에 따라 다른 조합을 선택하고 추천한다. '소주 취향이 어떠세요?'라는 질문은 어색하게 느껴지지만 '하이볼 좋아하세요? 어떤 취향이세요?'는 충분히 묻고 답할 수 있는 자연스러운 질문이다. 하이볼이 소개팅의 대표적인 술이 된 이유도 알 만하다.

둘째, 접근성이다. 사람들이 하이볼을 통해 배운 것은 새로운 '맛'이 아니라 새롭게 마시는 '방법'이다. 그리고 이 새로운 방법에 필요한 술과 레몬, 얼음은 구하기 어렵지 않다. 정보 공유는 이 방법에 대한 접근성도 높여주었다. 마치 호텔에 대한 정보가 공유될수록 호텔에 대한 심리적 허들이 낮아지는 것과 같다. 2년 전부터는 하이볼 RTD(Ready to drink, 이미 제조되어 캔에 담긴 하이볼)도 편의점에서 쉽게 구입할 수 있게 되며 접근성이 한층 좋아졌다.

짐빔의 '짐빔괴식당' 팝업 포스터. 1주 차는 마라, 2주 차는 엔초비, 3주 차는 고수, 4주 차는 민트초코맛 하이볼을 선보였다.

    셋째로 경제성이다. 여기서 경제성은 절대적으로 싼 것을 말하지 않는다. 그보다도 싸게 구입할 수 있는 방법, 가성비를 챙길 수 있는 방법이 공유되면 사람들은 경제성을 얻었다고 느낀다. 하이볼 재료는 마트에서 쉽게 구입 가능하고, 오래 두고 먹을 수 있기 때문에 상대적으로 경제성 있게 느껴진다.

    마지막으로 변주성인데, 이는 하이볼의 핵심이다. 어떤 탄산수를 넣을 것인가? 얼마만큼 넣으며, 어떤 맛을 먹을 것인가? 마라맛? 민트초코맛? 고수맛? 엔초비? 너무 과하다고? 이 메뉴들은 2024년 6월 하이볼 대표 브랜드 '짐빔'이 진행한 '짐빔괴

식당' 성수동 팝업스토어에서 실제로 판매한 하이볼이다. 짐빔은 하이볼의 장점이 무궁무진한 변주, 소비자의 주도권, 선택권이라는 것을 알고 있었다. 변주성은 가능성이자 재미이기도 하지만 주도권의 변화이기도 하다. 주도권이 생산자에서 소비자로 넘어갔을 때, 소비자들은 제품과 브랜드를 자발적으로 공유한다. 지금 뜨는 식품을 보라. 요아정, 하이디라오……. 요거트 아이스크림에 어떤 토핑을 더해 먹을 것인지, 어떻게 하이디라오 소스를 제조할 것인지 누군가들의 방식이 계속해서 회자된다. 브랜드가 제시하는 최선의 조합이 아니라, 누군가가 선택해 만든 레시피가 호기심을 유발하는 것이다.

'혼술', '혼여' 키워드의 진짜 의미

2013년 '혼밥'이라는 단어가 처음 등장했을 때 모 일간지에는 요즘 젊은 사람들이 결혼도 포기하고, 연애도 포기하고, 관계도 포기한다며 혼밥을 '관계를 포기한 것'으로 해석하는 한탄 섞인 글이 게재되었다. 그러나 '혼밥'이란 말을 사용하지 않는 사람의 타자화된 시각에서 벗어나 '혼밥'의 진짜 의미를 서술하면 이렇다. 친구가 없어서 나 혼자 먹겠다는 것이 아니라, 밥만큼은 내가 좋아하는 사람과 먹겠다, 혹은 밥을 먹을 때만큼은 나 혼자만의 시간을 즐기겠다는 의미다.

혼술도 마찬가지다. 친구가 없어 혼자 술을 마시는 게 아니라 술을 좋아하는 사람이 혼자만의 시간을 즐긴다는 의미다. 혼술은 '#오늘의혼술'이라는 해시태그를 달고 다양한 주종, 다양한 페어링으로 변주한 사진들과 함께 많이 올라왔다. 혼술은 '혼여'의 짝꿍이기도 하다. '혼자 하는 여행'의 마무리로 혼술. '혼O'이란 키워드의 핵심은 '혼자'가 아니라 '나 이거 진짜 좋아해, 방해할 사람은 오지 마'라는 의미다. 혼여, 혼영, 혼코노, 혼스시, 모두 마찬가지다. 여행을, 영화를, 코인노래방을, 스시를 진심으로 좋아하는 사람은 그 행동을 100% 즐기고 싶어 한다. 사람이 없는 게 좋다기보다는 방해받고 싶지 않다는 의미가 강하다. 방해하지 않고 같이 즐길 수 있다면 사람을 마다할 이유는 없다. 혼여는 20대들의 버킷리스트이기도 한데, 내가 진짜 좋아하는 것이 무엇인지 알고자 하는 열망의 반영이다. 내가 누구인지, 내가 무엇을 좋아하는지 왜 이렇게 알고 싶어 하는가? 정답은 없고, 정보는 너무 많고 해야 할 것, 알아야 할 것이 차고 넘치도록 많이 소개되는 세상에서 중심을 잡기 위해 기준이 필요하고, 20대들은 그 기준으로 '나'를 선택한 것이다.

"저번에 회식 때 2차 갔다가 다들 생맥주 시킨다고 할 때, '저는 하이볼로 해도 되겠습니까?' 했더니 다들 '먹고 싶은 거 먹어' 하던데."

최근 접하게 된 회식의 한 장면이다. 이 한마디는 소주에서 와인으로, 위스키에서 하이볼로 바뀐 술의 판도와 '혼술'이란 키워드의 대두가 무엇을 의미하는지를 명확히 보여준다. 삶의 포커스가 점점 '나'에게 집중되고 있으며, 사회 분위기 또한 이를 존중하는 방향으로 바뀌어가고 있다는 것이다. '취향 존중 사회', 트렌드를 알고자 한다면 반드시 확인해야 할, 지금 우리가 서 있는 사회의 모습이다.

아침의 변화:
아침을 챙겨 먹는 자가
하루를 지킨다

빅데이터로 소비자를 분석하는 것은 소비자가 더 많이 사용하는 언어, 언어의 의미 변화, 언어를 사용하는 맥락을 분석하는 행위다. 2019년부터 상승하기 시작한 '루틴'이라는 단어는 대한민국 생활상을 대표하는 키워드다. 루틴이라는 단어는 2019년, 주 52시간제 시행과 함께 사용 빈도가 상승하기 시작했다. 주 52시간제가 시행되고 생긴 변화는, 직장인이 본인의 시간을 스스로 운용할 수 있게 되었다는 것이다. 시간의 증가보다도 중요한 것은 '계획이 가능한지'다. 필자가 알고 있는 대기업 부장님은 주 52시간제 시행 이후 처음으로 주말 약속을 잡아봤다고 한다. 이제까지는 언제든 갑작스럽게 주말 특근을 할 수도 있었기에 약속을 잡아두지 않았던 것이다.

주 52시간제가 가져올 생활 변화로 예상되었던 것은 '부장

님의 2교시'였다. 즉, '야근이 일상다반사였던 부장님이 일찍 퇴근하게 되었을 때 그들이 퇴근 후 무엇을 하게 될 것이며, 이는 산업에 어떤 영향을 미칠까'가 관측 대상이었다. 그런데 실제로 변화가 나타난 시간은 의외로 퇴근 후가 아닌 아침이었다. 주 52시간제는 말 그대로 한 주에 일할 수 있는 최대의 시간을 정해놓고 그 이상의 초과 근무를 법으로 금지한 제도다. 그래서 퇴근 시간뿐 아니라 출근 시간도 예측 가능해지며, 이 시간을 활용하려는 시도가 '루틴'으로 나타난 것이다.

아침의 의미: 산책은 밤 산책, 루틴은 아침 루틴

쉬운 일은 아니지만 아침 일찍 일어나면 출근 시간 전에 나만의 아침 루틴을 만들 수 있다. 이때부터 '아침 루틴', '갓생god+生', '미라클 모닝'과 같이 '아침을 잘 살아보자'는 캐치프레이즈와 챌린지가 증가하기 시작했다.

여기에 다음 해인 2020년부터 시작된 유례없는 팬데믹은 부지런하게, 규칙적으로 아침을 잘 살아보자는 움직임을 더욱 강화시켰다. 재택근무가 일상화되며 스스로 시간을 관리해야 하는 책임과 자유를 동시에 얻게 된 덕분이었다. 재택근무에서 가장 중요한 시간은 아침이다. 아침이 무너지면 하루가 무너진다. 그래서 아침 루틴 챌린지는 특별히 부지런한 사람을 넘어서 평범한 사람들에게까지 퍼져나갔다. 갓생의 첫 관문은 아침이다. 그리고 아침밥을 챙겨 먹는 것은 갓생을 위한 하루의 첫 번째 단계이자 가장 어려운 단계이기도 하다. 그래서 갓생을 사는

'모닝 루틴' 챌린지가 증가하고 있다.

이들은 아침밥을 자신의 SNS에 인증하곤 했다.

"저는 요새 무슨 일이 있어도 7시~7시 30분 사이에 기상해 아침 식단을 챙겨 먹고 있습니다. 일주일째 잘 지켜내고 있어요."

"오늘부터 부지런히 살기 시작. 7시 기상, 8시까지 아침 운동, 8시 반까지 아침밥 챙겨 먹기, 9시까지 크로키, 집안일 당일에 하기."

이렇게 갓생 살기, 모닝 루틴, 아침 식단이 한 세트로 작동한다. 아침밥 먹기는 부지런히 규칙적으로 살기에 꼭 들어가는 요소다. 운동은 빠질 수 있어도 아침 식사는 필수다.

어느덧 주 52시간제는 일상이 되었고 팬데믹도 끝났다. 부지런한 아침에 대한 트렌드는 어떻게 되었을까? 미라클 모닝은 2023년부터 빠르게 하락해 순위권에서 사라졌다. 갓생은 수

험생들 사이에서는 여전히 통용되는 용어이지만 일반적으로는 추구하지 않는 삶이 되었다. 최근 트렌드는 '지속가능성'이기 때문이다. 여기서 지속가능성이란, 흔히 떠올리는 '지구와 환경을 생각하는 것'이라기보단 '내가 지치지 않고 계속해서 할 수 있는가'를 말한다.

이 두 키워드와 달리 '모닝 루틴'만은 계속되고 있다. 모닝 루틴의 중요한 단계인 아침밥 챙겨 먹기도 계속 이어지는 중이다.

2019년 주 52시간제부터 언급량이 상승하기 시작한 OO 루틴 중에서, 가장 상승 폭이 높고 2025년 현재까지도 가장 자주 사용되는 루틴이 아침 루틴(모닝 루틴)이다. 모든 단어에 아침이라는 수식어가 중요한 것은 아니다. '산책'은 아침 산책보다 '밤 산책'의 언급량이 높다. 반면 루틴은 나이트 루틴보다 모닝 루틴으로 쓰이는 경우가 더 많다. 이 점이 중요하다. 아침 식사 시장을 잡고자 하는 브랜드는 여기서 '아침'의 의미를 이해해야 한다.

아침의 타깃: 바쁜 직장인은 아침의 타깃이 아니다

식품 제조 회사는 아침 시장의 타깃으로 바쁜 직장인을 상정하기 쉽다. 정성 들여 아침을 준비하는 사람이 공장에서 만들어진 제품을 선택하지 않을 거라는 가정 때문이다. 바쁜 직장인이니까 쉽게, 간편하게 봉지를 뜯어 길 위에서 후루룩 마실 거라고 가정한다. 하지만 바쁜 직장인은 아침을 먹지 않는다. 만일 아침을 먹는다면 그 사람의 정체성은 바쁜 직장인이 아니라 건강 추구자이거나 갓생러, 혹은 모닝 루틴을 지키는 사람일 것이다. 필자 역시 매일 아침을 챙겨 먹는 사람이며 동시에 바쁜 직장인이지만, 내가 1년 넘게 아침을 챙겨 먹은 이유는 내가 '식단 관리자'이기 때문이다. 만약 바쁘지 않은 직장인이 되거나 바쁜 개인사업자가 되더라도 아침은 이렇게 챙겨 먹을 것이다. 그러니 바쁜 직장인을 위한 대충, 간단히 때우는 아침 식사는 필요가 없다. 복잡한 아침 식사가 필요하다는 게 아니다. 똑같은 제품이라도 포지셔닝을 달리 해야 한다는 의미다. 아몬드 브리즈, 0칼로리 두유, 오틀리 등 우유 대용 음료는 건강한 아침 식단의 단골 메뉴다. 이 제품의 메시지는 '바쁘니까 아침에 간편하게 마셔'가 아니라 '매일 챙겨 먹는 건강한 아침'이다. 타깃은 바쁜 직장인이 아니라 운동, 건강 라이프스타일 관심자다.

   그리고 아침 식사 시장의 또 다른 중요 타깃은 아이의 아침을 챙겨주는 엄마다. 이때 중요한 것은 건강보다 따뜻함이다. 비비고, 풀무원, 오뚜기, 그리고 본죽 브랜드 연관도가 높다. 밥, 죽, 국 등 따뜻하고 먹기 편하다는 게 공통점이다. 반면 베지밀, 야쿠르트 등 차가운 음료 브랜드는 관심에서 멀어지고 있다. 직접 상을 차리지 않는 사람은 아침부터 어린 아이에게 인스턴트 봉지를 뜯어 전자레인지에 데워주는 것에 불만을 표하기도 한다. 하지만 인스턴트에 대해 다시 생각해야 한다. 인스턴트는 '간편한 싸구려'가 아니라 '믿을 수 있는데 간편하기까지 한' 제품이다. 지금까지 인스턴트 음식은 간편하고 저렴한 대신 품질은 포기한 음식으로 인식되었지만, 그동안 인스턴트는 발전하고 발전했다. 이제는 고품질, 신뢰, 혁신적 간편함을 탑재해야 인스턴트다. 신뢰와 간편은 라이벌이 아니라 동반자다. 두 번째 타깃을 위한 메시지는 이러하다. '편한 방법으로 따뜻한 쌀을 먹이겠다.'

어디에도 '대충'이 들어설 자리는 없다. 특히 아침 식사 시장은 더욱 그렇다. 안 먹는다는 옵션이 있는데 먹기로 결심한 사람들은 '제대로' 먹는다. 값이 싸다고, 조리 시간이 짧다고, 간단하다고, 편하다고 대충이 아니다.

아침의 메뉴: 아침 메뉴의 정석 그래놀라는 시리얼과 다르다

2020년 코로나로 인해 아침을 챙겨 먹는 상황이 늘어나며 시리얼과 그래놀라에 대한 관심이 동시에 증가했다. 증가 속도는 그래놀라가 더 빨라서 2020년 3월을 기점으로 그래놀라가 시리얼을 역전했다. 그래놀라가 시리얼을 역전할 수 있었던 가장 큰 이유는 그래놀라가 가진 변주 가능성 때문이다. 매일 같은 그래놀라를 먹어도 토핑과 그릇을 통해 매일 다른 비주얼을 연출할 수 있고, 거기에 자신만의 스타일을 표현할 수 있다. 시리얼 대비 그래놀라에 차별적으로 나타나는 키워드는 '비주얼', '스타일', '식단', '제대로'와 같이 자신의 라이프스타일을 보여줄 수 있는 것들이다.

2020년, 이미 5년 전의 일이다. '아침 식사'는 건강한 식단의 일종이며 제대로 하고자 하는 마음가짐이 담겨 있다. 그리고 그릭요거트와 그래놀라 세트가 아침 식사에서 가장 선호되는 메

	시리얼	그래놀라
타깃	아이, 엄마	운동인, 다이어터
고려 요인	양	조합
식감·맛	달달함	바삭한 식감
추구하는 가치	간편함	건강함
구매 패턴	쟁여놓기	계획성 구매
의미	언제든 모든 상황에 쓸 수 있는 필수 상비 음식	풍성한 라이프스타일을 위한 재료

출처: 생활변화관측소

시리얼과 그래놀라 비교

뉴라는 걸 배울 수 있었다. 이 트렌드에 발맞추어 시리얼 브랜드 강자들이 앞다투어 그래놀라를 출시했다. 하지만 여전히 소비자의 그래놀라 아침 식단에는 브랜드 시리얼이 올라오지 못하고 있다. 인스타그램에서 해시태그 '#그래놀라'를 검색하면 2025년 9월 기준 30.7만 건의 결과가 도출되지만 시리얼 대표 브랜드를 앞에 붙인 '#○○○그래놀라'는 고작 2,747건이 전부다. '그래놀라'가 특정 브랜드의 그래놀라 대비 111배 더 많은 것이다(참고로 '#커피'는 1,711만, '#마켓컬리'는 43.4만, '#방어'는 34.9만 건이다). 왜 이런 일이 벌어졌을까? 왜 시리얼 브랜드의 강자들은 그래놀라 시장을 장악하지 못했을까?

이유는 카테고리 설정 오류일 가능성이 높다. 제조사 입장에서 시리얼과 그래놀라는 곡물을 굽는다는 제조 과정 면에서 볼 때는 같은 카테고리로 느껴지겠지만 소비자 인식과 활용 면에서 두 제품은 전혀 다르다. 시리얼은 아이가 있는 집의 든든한 간식이다. 대용량이 중요하고, 단맛은 필수다. 소비자가 느낄 수 있는 베네핏은 간편함이다. 시리얼은 아이 혼자서도 먹을 수 있고 유통기한이 길며 보관 방법이 간편해 항상 구비해 두기도 좋다.

반면 그래놀라의 타깃은 가족이 아니다. 인구통계학적으로 가족의 엄마이고, 아이일 수 있지만 그의 정체성은 운동인, 식단 관리자다. 그래놀라에서 중요한 것은 바삭한 식감, 그리고 함께 먹는 음식과의 조합이다. 건강을 추구하는 사람들이 거의 매일 아침 소비하는 식품이며 단독으로 먹는 게 아니라 토핑과 함께 먹기에 그래놀라 자체에 단맛이 날 필요가 없다. 그래놀라는 풍성한 라이프스타일을 위한 재료로, 중요한 키워드는 '계획'이다. 계획성 구매, 계획적인 삶, 하루를 계획적으로 출발하기 위한 시작템. 그런데 그래놀라가 시리얼 패키지인 호랑이와 사자 그림과 함께 놓이면 그 의미가 사라진다. '초코맛', '아몬드맛'처럼 하나의 맛으로 인식될 뿐이다. 그리고 시리얼에서 그래놀라 맛은 맛없는 맛일 뿐이다. 그래놀라가 아이들 간식으로 소비되거나, 간단하게 한 끼를 때우는 시리얼과 다르다는 것도 이미 5년 전에 밝혀졌다.

그래서 시리얼을 만드는 기업에서 그래놀라를 출시하려면 다른 브랜드가 필요하다. 마치 현대자동차가 '전기차 버전 소나타'가 아니라 전기차 브랜드 '아이오닉'을 출시한 것처럼. 마트에서 그래놀라는 아침 식사와 관련된 매대에 위치해야 하며, 설사 시리얼 옆에 놓는다고 해도 오트밀 혹은 견과류와 한 그룹으로 묶여야 한다. '당을 10% 줄였어요'가 아니라 무가당과 무염이 중요하고, 패키지 포장 역시 이런 요소를 보여주는 색깔이 적합하다. 프로틴 음료, 제로 슈거 디저트, 저당 소스 등 건강한 식단 관리자들을 위한 식품 모두 전문적인 니치niche 브랜드에서 시작했지만 대형 대중 브랜드에서 출시되고 편의점과 마트에서 살 수 있는 보통의 제품이 되었다. 그래놀라도 그렇게 되기를 기대해 본다. 아침을 준비하는 브랜드에 마지막 당부를 하나 바친다. 아침의 키워드는 '간편'이 아니라 '계획'이다.

환경과 사회 공헌: 시리얼 코코볼 컵이 만들어진 이유

윤리는 사회적 압력이다. 우리가 길을 걷다가 쓰레기를 아무데나 버리지 않는 이유는 특별히 윤리적이어서가 아니라, 그렇게 하면 사회적 지탄을 받을 것이라는 암묵적인 약속을 인지하고 있기 때문이다(실제로 쓰레기 무단투기를 하면 과태료가 부과되지만, 법적 제재보다 더 강하게 작용하는 것은 지나가는 이들의 눈총이다). 코로나 이후 기업이 ESG에 관심을 갖고 ESG부서나 대책 위원회를 만들었던 것도 특별히 기업들의 윤리성이 높아져서가 아니라 서로가 서로에게 요구하는 윤리적 기준이 높아졌고, 기업도 이러한 요구를 무시할 수 없어졌기 때문이다. ESG 글로벌 국제 기준에 어긋나면 수출이 안 돼서, 소비자가 이러한 기업의 사회적 책임에 민감해져서 법으로 윤리를 제어하는 이슈들이 생겨났다. 그런 면에서 윤리는 사회적 관심에서 시작되어 사회적 압력이 될 수 있다. ESG에서 환경Environmental, 경영·지배 구조 Governance를 제외한 기업의 사회적 가치, 사회적 책임Social은 공정성, 접근성, 감수성, 포용성으로 구분할 수 있다. 아래 표는 사전적 의미가 아니라 소비자가 체험하고 느끼는 기업의 사회적 책임 범위를 구분한 것이다. 다시 말하면 일반 사람들이 기업의 사회적 책임에 대해서 칭찬하거나 비난할 수 있는 경험의 영역이다.

	의미	대표적 사례
공정성	정해진 규칙을 잘 지키고 투명하게 소통	진라면 매운맛·순한맛 2종에 대해 LCA(전과정평가) 인증 획득하며 환경에 미치는 영향을 최소화하려는 노력을 인정받은 오뚜기
접근성	자사 제품이나 서비스 사용 면에서 장애인, 사회적 약자 배려	백혈병 환우를 위해 단종됐던 소용량 시리얼 컵을 다시 만든 동서식품, 선천성 대사 이상 질환 아이를 위한 특수 분유를 제작하는 매일유업, 시각 장애인을 위해 컵라면 용기에 제품명, 물 붓는 선 등을 상세하게 점자로 표기한 오뚜기
감수성	차별 없는 평등한 언어를 사용하는 언어 감수성	야쿠르트 아줌마의 명칭을 프레시 매니저로 바꾼 hy(한국야쿠르트)
포용성	계약직 최소, 외국인 채용 등 다양성 포용	비정규직 비중이 전체 인력의 1%에 불과한 오뚜기

소비자가 경험하는 기업의 사회적 책임 영역

윤리와 진심으로 쌓은 신뢰, 오뚜기

국민권익위원회에서 발간하는 〈기업윤리브리프스〉 2018년 2월호에 실린 '갓뚜기가 된 오뚜기, 오뚜기의 성장 비결' 기사에 오뚜기가 '갓뚜기god+오뚜기'라는 별명을 얻은 이유가 잘 설명돼 있다. 다음 기사를 참고해 보자.

모든 직무가 중요한 기업: 2016년 오뚜기의 사업보고서에 따르면, 비정규직 비중이 전체 인력의 1%에 불과하다. 오뚜기 관계자는 이 1%의 비정규직도 시간제 주부 사원이라고 설명했다. 경력단절 여성을 파트타임 형태로 채용해, 원하는 시간 동안 근무하도록 조치한 것이다. 오뚜기의 채용 정책은 명확하다. '직원들의 고용 안정성을 보장한다', 그리고 '중요하지 않은 직책은 없다'는 것이다.

협력 업체들이 더 칭찬하는 기업: 국내 여느 대기업들이 그렇듯, 오뚜기 역시 주문자상표부착(OEM) 방식으로 생산하는 제품들이 있다. 눈에 띄는 점은 오뚜기의 협력 업체들은 직원들의 근속연수가 높고, 계속해서 최신의 기계들이 도입된다는 것이다. 이러한 배경에는 오뚜기의 특별한 경영 철학이 있었다. "아무리 어려워도 납품 대금만큼은 제때, 제 값으로 지급하자."

끊임없는 사회 공헌: 1992년부터 2025년 9월까지 6,500여 명의 어린이들이 새 심장을 기증받았다. 또한 석봉토스트가 노숙자들에게 하루 100개의 토스트를 무료로 나눠주고 있는 것을 알게 된 고 함태호 회장은 이후 10년간 토스트에 들어가는 모든 소스를 무상으로 지원해 주었다.

윤리적인 면에서 오뚜기는 비현실적으로 느껴진다. 특히 다양한 사회 공헌 활동에 오뚜기는 늘 한발 앞선 경우가 많았다.

핵심은 소비자가 알아보았다는 것이다. 오뚜기가 소비자들의 인정을 받는 일련의 이유들은 모두 오뚜기가 창립 이래 쭉 해오던 일들이며 변함없이 지켜온 경영 철학이다. 50년이 넘는 세월 동안 꾸준히 해온 점도 대단하지만 50년이 넘어서야 소비자가 이 사실을 알게 된 것도 놀랍다. 상대적으로 젊은 소비자가 기업 윤리에 관심을 갖고, 해당 내용을 SNS를 통해 적극적으로 퍼 나르는 애정으로 오뚜기는 반세기를 꾸준히 사랑받는 기업으로 자리 잡을 수 있었다.

이처럼 기업의 윤리와 사회 공헌의 핵심은 소비자가 이러한 문제에 대해 민감해졌다는 것이다. 또 부정적인 이슈만 크게 회자되는 게 아니라, 긍정적인 일들도 널리 알려진다는 것이 중요하다. 흔히 인터넷에는 부정적인 이슈가 더 많을 거라고 생각하지만, 실제로 기업에 대한 긍정과 부정 담론을 구분해 분석해 보면 긍정 담론이 훨씬 더 많다. 위법한 사건이 일어나지 않는 한 특정 기업에 대해 나오는 이야기들은 보통 그 회사 제품에 대한 추천이거나 칭찬이다. 하지만 인간에게 더 깊이 각인되는 것은 부정 담론이기 때문에, 양은 많지 않더라도 한 번 부정적인 이야기가 노출되면 그것이 소비자에게 각인되는 것이다.

이런 상황 속에서 오뚜기 이야기는 인류애를 충전시키는 소중한 담론이 되었다. 식품 회사는 소비자와 가장 가까이 있다. 뷰티, 패션, 가전, 자동차 회사와 무관하게 사는 사람은 있을 수 있지만 먹는 것과 관련이 없는 사람은 없다. 식품은 비교적 값이 저렴하고, 구입하는 빈도도 잦으며 접하기도 쉽다. 그런 면에서 식품 회사는 선하든 악하든 영향력을 행사하기도, 소비자의 영향을 받기도 쉽다. 소비자를 연구하는 생활변화관측소의 단골 주제가 식품인 이유가 여기에 있다.

코코볼 컵이 만들어진 이유

디지털이 발달하면서 접근성 문제가 대두되었다. 디지털 문화에 익숙한 사람들이 쉽게 사용할 수 있는 제품과 서비스에 대해서 디지털 소외 계층이 생겨났기 때문이다. 키오스크를 통한 주문, 인터넷으로만 예매할 수 있는 특정 티켓들, 아름다운 디자인을 위해 사라지거나 평평해진 가전제품의 버튼들, 문화의 중심에 선 디지털 콘텐츠 등이 그 예다. 그래서 점차 '시각장애인과 《오징어 게임》을 함께 즐기고 이야기할 수 있을까?' 같은 질문들이 나타나기 시작했다.

접근성은 보통 다른 장소에서 특정한 시설이나 장소에 도달할 수 있는 가능성을 말한다. 이 말은 일반적인 상황에서 '역세권에 위치해서 지하철 접근성이 좋다'와 같이 지리적 위치의 이점을 나타낼 때 쓰이지만, 기업의 사회적 책임에서 사용될 때 접근성은 '제품이나 서비스 사용 면에서 장애인, 사회적 약자를 배려하고 배제되지 않도록 하는 장치'를 말한다. 가장 대표적인 사례는 시각 장애인을 위한 점자 표기다. 오뚜기는 컵라면 용기에 디테일한 정보까지 점자로 표기한 것으로 진정성을 전달했다. 단순히 패키지에 점자로 제품명을 표기한 데 그친 게 아니라, 점자를 사용하는 사람 입장에서 필요한 정보를 놓치지 않을

스토리와 디테일로 진정성을 전달한 오뚜기 컵라면 용기의 점자

수 있도록 제품명과 무슨 맛인지, 물 붓는 선까지 모두 점자로 표기한 것이다. 점자를 사용하는 사람이 아니라면 막연히 '상품명만 있으면 된다'고 생각하기 쉽지만, 실제로 점자 사용자에게 필요한 점자 정보는 훨씬 더 많다. 이를 세심하게 점자로 모두 구현해 냄으로써 오뚜기는 실 사용자들을 얼마나 배려하고 있는지를 보여주었다. 이를 인식한 소비자들은 "오뚜기가 점자로 무슨 라면, 무슨 맛까지 표기해 주는 게 좋다. 당연하지만 많은 기업에서 당연하게 표기해 주지 않았는데 오뚜기 라면들은 점자를 표기했다. 그냥 '음료'라고 싸잡아 쓰는 캔 음료랑은 다르다", "시각장애인들이 물 붓는 선이 안 보여 손을 집어넣는 상황 때문에 위험하다는 것을 알고 오뚜기가 컵라면 제품에 물 붓는 선을 점자로 표기한 건 알았는데, 라면 이름도 오돌토돌하니 손으로 무슨 라면인지 알 수 있게 해놨네" 같은 말로 SNS에 오뚜기에 대해 받은 좋은 인상을 남겼다.

기존 제품을 모두가 사용할 수 있도록 신경 써서, 그리고 돈도 더 들여서 접근성을 높이는 경우가 있는가 하면, 돈이 남지

동서식품에서 재출시한 콘푸라이트, 코코볼, 오레오 오즈 컵 시리얼

 않더라도 특수한 사람들을 위해 단종된 제품을 다시 만드는 경우도 있다. 2024년 1월 백혈병을 앓고 있는 아이의 부모님이 블로그에 감사의 글을 올렸다. 이야기는 이렇다.

 아들이 백혈병 진단을 받았는데, 백혈병 환우들은 음식을 조절해야 해야 하고 평상시 먹던 제품도 감염 위험이 있기 때문에 다 살균 소독을 해야 한다. 우유는 멸균 제품만, 과자는 진공 포장 제품만 먹어야 하기에 한 번 개봉하고 나면 두 시간이 지난 후부터는 먹을 수가 없다. 아이가 코코볼과 콘푸라이트를 너무 좋아하는데 대용량만 있고 심지어 항암을 하니 많이 먹지도 못해 먹고 남은 것은 가족의 몫이 되었다고 했다. 하루이틀도 아니고 계속 대용량을 감당하기는 어려워 혹시나 하고 동서식품 고객상담실에 전화를 했는데, 시간이 흐른 후 동서식품에서 단종되었던 저용량 컵 시리얼을 출시했음은 물론 편지와 함께 제품까지 보내줬다는 내용이었다. 이 소식을 접한 소비자들은 컵 시리얼이 단종되지 않도록 열심히 사 먹어야겠다는 의견을 남겼다. 인류애가 다시 충전되는 느낌이다.

그런가 하면 오리온은 단 한 명의 환아를 위해 단종되었던 딸기맛 고래밥을 재출시하기도 했고, 매일유업은 신진대사가 어려운 특수 아동을 위한 분유가 이윤이 남지 않는 제품임에도 단종하지 않고 계속 생산하고 있다. 최근에 중국에 수출할 수 있는 기회가 열려 어쩌면 이윤이 남을 수도 있다는 소식을 접했지만 지금까지는 생산 자체가 손해인 경우였다.

기업의 사회적 책임은 어디까지일까? 한국은 직업 윤리의식이 부족하다고 한다. 직업을 돈 버는 수단으로 여기는 경향이 강하기에 돈이 안 되는 일을 계속하는 것은 어리석다고 느끼는 경우도 많다. 하지만 먹거리를 만드는 식품 기업이 먹고 살아가는 인간을 생각하지 않는다면 존재할 이유가 무엇이란 말인가?

아이디어가 돋보이는 사회 공헌, 어르신의 안부를 묻는 우유 배달

매일유업은 소비자가 대신 마케팅해 주는 기업으로 유명하다. X 이용자들 중 몇몇은 자발적으로 트윗의 글 타래를 만들어 매일유업에 어떤 제품들이 있는지 소개하고, 부도덕한 기업의 유명한 제품이 있으면 불매 운동을 하면서 매일유업이 대신 만들어달라고 호소하고, 매일유업의 숨은 사회 공헌 활동을 자발적으로 알린다. 그렇게 알려진 매일유업 캠페인 중 하나가 '어르신의 안부를 묻는 우유 배달'이다.

이 캠페인은 한 교회에서 저소득층 독거노인 100가구에 우유 배달을 시작한 일에 매일유업이 후원하면서 시작되었다. 매일유업은 2016년부터 후원사로 참여해 매년 '소화가 잘되는 우유'의 매출액 1%를 기부하고 있다. 혼자 사는 독거노인에게 소화가 잘되는 우유를 배달하는데, 다음 날 우유가 없으면 '양호', 한 개 쌓이면 '주의'이며 집 앞에 우유가 두 개 이상 쌓여 있는 경우 배달원이 인근 관공서에 연락해 어르신의 안부 확인을 요청하는 방식으로 고독사를 예방한다. 유튜브에 '매일유업 우유 안부'를 검색하면 '아이고 우유가 왔네'라는 캠페인 광고 영상을 볼 수 있다. 이 광고는 2022년 칸 광고제의 '브랜드 익스피리언스&액티베이션' 부문에서 은사자상을 수상하기도 했다. 우유로 어르신의 안부를 묻고 기부 참여를 독려하는 아이디어가 수상의 이유였다고 한다. 매일유업의 핵심 상품은 우유다. 그리고 '소화가 잘되는 우유'는 매일유업에서 국내 최초로 개발한 그들의 대표 상품이다. 자사의 핵심 상품을 통해 사회 공헌 활동도 하고 자사 제품도 알린 이 캠페인은 영리하고 현명한 전략이라고 할 수 있다.

리추얼을 잡은 사회 공헌, 815 빙그레

생활변화관측소에서는 매주 뜨는 브랜드를 관찰하는데, 3년째 8월이 되면 뜨는 브랜드가 있다. 바로 빙그레다. 2023년부터 그들은 다음과 같은 행보를 보여왔다.

- 2023년 8월 2주 차. 독립운동가 후손 장학 사업을 하고 있는 빙그레의 제품을 많이 사주라는 트윗에 많은 사람들이 공감함.
- 2023년 8월 3주 차. 빙그레가 광복절을 맞아 '세상에서 가장

빙그레의 815 캠페인

늦은 졸업식' 영상을 공개함. 독립운동으로 졸업할 수 없었던 학생 독립운동가를 위해 AI 기술로 과거 사진을 복원해 마련한 명예 졸업식 캠페인. 소비자들은 빙그레의 사회 공헌에 칭찬을 보냄.

- 2024년 8월 1주 차. 처음 입는 광복 캠페인. 빙그레에서 독립의 달 8월을 맞이해 죄수복을 입은 채로 남은 독립운동가들의 사진을 한복을 입은 사진으로 교체하는 캠페인을 진행해 많은 사람들의 칭찬을 받음.

- 2025년 8월 2주 차. 처음 듣는 광복 캠페인. 유튜브 조회수 700만회, 댓글 수 1,000개 이상을 기록하며 소비자의 가슴을 울림.

AI로 광복의 소리를 구현한 빙그레의 '처음 듣는 광복' 영상

'처음 듣는 광복' 캠페인은 80년 동안 기술적 한계로 전해질 수 없었던 광복의 소리를 후손들이 처음 들어볼 수 있도록 광복 당시 실제로 울려 퍼졌던 만세 함성을 재현하여 소리 없이 잊혀가던 광복의 의미를 일깨우고 독립운동가의 희생을 기리는 캠페인이다.

많은 기업이 8월 15일 광복절을 맞아 특별 행사를 하지만 빙그레만큼 효과적으로 해내는 브랜드는 없다. 브랜딩을 위해서는 특정 날을 각인시켜야 한다. 빙그레는 반복되는 815 캠페인으로 AI와 광복, 빙그레와 투게더를 연결시켰다. 소비자는 알고 있다. 실제로 2025년 빙그레의 815 캠페인에는 '다시 투게더를 먹을 때가 돌아왔군', 'AI 기술의 순기능을 제대로 보여줘 버리는 영상이네요', '이런 게 진정한 콘텐츠인 것 같습니다. 선한 감동을 선사해줘서 고맙습니다' 같은 소비자들의 뜨거운 응원 댓글이 달렸다.

사회 공헌 활동으로 연탄을 나르거나 일회성으로 저소득층에게 돈을 기부하는 방식은 소비자의 기억에 남기가 어렵다. 사회 공헌 활동은 홍보실이 아니라 마케팅 부서에서, 상품 기획 단계부터 기획되어야 한다. 상품, 마케팅, 홍보를 각각 따로 한다면 좋은 일에 큰돈을 쓰고도 돌아오는 반응이 전혀 없을 수 있다. 기업의 사회적 책임은 우리의 업, 핵심적인 상품과 연결되어 있어야 한다. 그러기 위해 아이디어가 필요하다. 프로모션도 브랜딩, 사회 공헌 활동도 브랜딩, 선한 영향력을 행사하는 것도 모두 브랜딩이다. 내가 이 분야의 최고라는 자부심으로 라면만큼은, 우유만큼은, 시리얼만큼은 모두가 즐길 수 있도록 사회에 책임을 지는 것이다. 반가우면서도 무서운 소식! 미래 소비자는 기업의 사회적 책임에 민감하다. 소비자를 믿어야 한다. 소비자가 제일 먼저 알아볼 것이다.

경험

#공간_경험
#로컬
#체험

브랜드 공간
맛집의 변화
유통의 변화
야구장 먹거리

브랜드 공간: 성수동 LCDC,
오뚜기 없는 오뚜기 팝업스토어

　　팝업스토어의 화제성이 예전 같지는 않다. 2024년 팝업을 통해 주간 급상승한 식품 브랜드는 맥도날드, 투게더, 칠성사이다, 오설록이 있었고, 2025년 8월까지는 고디바, 스타벅스앳홈, 츄파츕스 세 개의 브랜드가 있었다. 팝업스토어로 화제성을 얻는 브랜드는 주로 패션이나 뷰티 브랜드이고, 식품 브랜드와 팝업스토어의 경우 연관도는 상승하는 추세이지만 이들만큼 화제가 되지는 않는다. 그럼에도 팝업스토어, 플래그십스토어, 브랜드 전시회, 산업별 페어, 페스티벌 부스 등 브랜드가 소비자를 직접 만나는 물리적 공간은 줄어들지 않는다. 판매를 목적으로 하는 리테일 공간에서도 소비자가 브랜드를 어떻게 경험하게 할 것인지 설계해야 한다.

　　이렇게 물리적 공간에서 브랜드가 소비자를 만나는 경험을 설계할 때는 세 가지 질문을 먼저 던져야 한다. 첫째, 어떻게 보여줄 것인가? 둘째, 무엇을 보여줄 것인가? 셋째, 어떻게 소통할 것인가? 질문에 대한 답은 각각 국립중앙박물관, 오뚜기 Y100 팝업스토어 그리고 칠성사이다 팝업스토어의 운영 방식에서 찾아볼 수 있겠다.

어떻게 보여줄 것인가? 경험 소비의 교본, 국립중앙박물관

먹는 문화를 통해 무엇을 보여줄 것인지를 말하기 전에, 어떻게 보여줄 것인지에 대해 최근 가장 명쾌한 방향을 제시하는 장소가 있다. 바로 국립중앙박물관, 이른바 '국중박'은 갑자기 뜨거운 감자가 된 것 같지만, 사실 그 변화는 오래전부터였다. 데이터를 보면 2015년부터 2020년까지 국립중앙박물관의 언급량은 비교적 잔잔한 흐름을 유지하고 있다. 관광객 수를 보면, 코로나를 거치면서 뚜렷한 감소를 보이다가 2022년 4월 '거리두기 해제'를 기점으로 폭발적으로 증가했다.

그런데 자세히 살펴보면 이보다 앞선 2021년 하반기부터 이미 상승세가 시작된 것을 알 수 있다. 바로 이 시기에 국중박의 본질적인 변화를 이끈 결정적인 계기가 등장했다. 바로 2021년 11월 개관한 '사유의 방'이다.

사유의 방은 국립중앙박물관의 위상을 완전히 바꿔놓았다. 사유의 방은 반가사유상 두 점과 압도적인 공간이 있는 곳이다. '두루 헤아리며, 깊은 생각에 잠기는 방time to lose yourself deep in wandering thought'이라는 입구 현관으로 시작한다. '국립중앙박물관'의 연관 키워드를 살피면 변화가 눈에 보이는데, 2020년에

국립중앙박물관의 지난 10년간 언급량 추이

는 '박물관', '유물', '국보', '소장'처럼 보존에 대한 키워드가 주를 이뤘다. 하지만 2022년에는 '작품', '관람', '공간', '반가사유상'처럼 감상과 경험에 대한 키워드가 급부상했다. 사유의 방은 박물관이 '유물을 보관하는 곳'에서 '작품을 감상하는 공간'으로 바뀌었음을 상징적으로 보여준다.

여기서 주목할 점은, 사유의 방은 단순히 반가사유상 두 점을 전시한 공간이 아니라는 것이다. 이곳은 관람객이 이 공간에서 어떤 경험을 할 수 있는지를 중심으로 기획되었다. 한 소비자의 말처럼 말이다.

"오랜만에 만난 국립중앙박물관은 고리타분한 느낌에서 벗어나, 초등학생에서 성인으로 성장한 내 모습처럼 많이 달라진 모습들을 보여줬어요. 그 속에 있는 고유한 가치는 그대로지만 '보여주는 방식의 차이'의 힘을 느낄 수 있었습니다."

보여주는 방식의 차이가 유물 보관소를 어떻게 경험 소비의 공간으로 만드는지 예시를 하나만 더 들어보자. 달항아리를 전

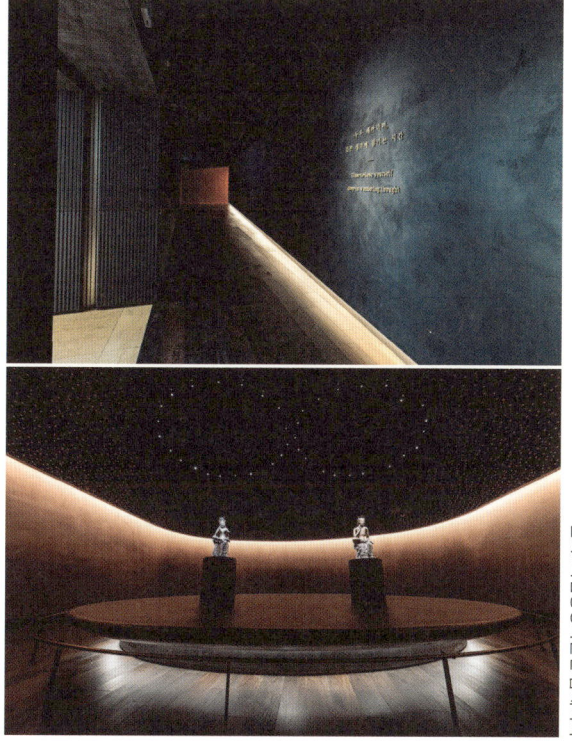

국립중앙박물관 사유의 방과 사유의 방 입구

시하는 공간에서 천장에는 마치 달빛을 연상시키는 조명을 쏘아 달항아리처럼 둥근 조명을 연출하고, 창문을 통해 비치는 나무 그림자는 마치 숲속에서 유물을 만나는 듯한 분위기를 만들어준다. 모든 유물에 '위대한 것이니 만지지 마세요'라고 써 있지도 않다. 어떤 유물에는 오히려 '손을 넣어서 만져보세요'라고 쓰여 있다. 이 공간은 '유물을 보관했는데 너도 와서 보렴'이 아니라 '당신을 위해 유물을 준비해 두었으니 같이 즐겨요'라고 말하고 있는 것이다.

그렇다고 해서 유물의 위대함이 사라지는 것은 아니다. 소비자의 말처럼, '작은 공간에서 무한함이 느껴지는 기분', '나오기가 아쉬워지는 멋진 공간'으로 탈바꿈하게 된다. 이곳에서는 유물이 아니라 반가사유상을 바라보는 내가 주인공이 된다. 사람들은 이곳에서 조용히 앉아 명상에 잠기는 시간을 가졌고, 이를 '유물멍(유물+멍때리기)'이라고 부르기 시작했다. 국립중앙박물관은 소비자의 유물멍 원고를 받아 '유물멍'에 대한 책을 출간하고 있다. 올해도 관람객을 대상으로 '당신만의 유물멍 원고'를 공모하는 이벤트를 진행했다. 이들은 '가슴을 두근거리게 만드는 물건을 발견하고 잠 못 이룬 경험이 있으신가요?'라고 물으며 사람들의 개인적인 경험을 끌어내고 있다. 이들의 말에서 유물이란 단어에 우리 브랜드를 넣어서 읽어보자.

'이곳에서는 우리 브랜드가 주인공이 아니고 브랜드를 경험하는 소비자가 주인공이 된다.'

'우리 브랜드와 함께 잠 못 이룬 경험이 있으신가요? 당신의 소중한 경험을 나눠주세요.'

무엇을 보여줄 것인가? 잉크값에서 발견한 0 0 100 0

2022년 3월, 성수동에 있는 복합문화공간인 LCDC서울을 방문했다. 생활변화관측소는 자산개발 회사와 일하고 있을 뿐만 아니라 사람들의 행동 변화를 관측하기 위해 '놀러가다'라는 키워드의 연관 장소, 소위 '핫플레이스'를 늘 주시하고 있는데, 2021년 겨울에 오픈한 LCDC서울은 2022년 가장 핫한 건축물

복합문화공간 LCDC서울의 전경

이었다.

 이곳 건축의 특징은 벽이다. 마당을 지나 바로 보이는 니은(ㄴ)자 건물 외관에 두꺼운 벽이 매달려 있다. 모르고 보면 안 보인다. 이 사실을 알고 건물 가까이에 가서 위를 올려다보아야 알 수 있다. 건축가는 서정적이고 조용한 공간을 만들고자 했다고 한다. 상업 공간이지만 조용한 곳, 팝업으로 매번 브랜드가 바뀌지만 일관된 곳. 그래서 3층의 매장들은 수공예, 장인, 서정성이 느껴지는 브랜드들로 채워져 있다. 엘리베이터도 있지만 1층 카페 가운데의 원형 계단을 통해 위로 올라갈 수 있고, 위로 올라갈수록 조경이 많아진다. 메인 건물 건너편에 있는 건물은 놓치기 쉽지만 방문이 가능한 곳이다.

 LCDC서울은 상업 공간임에도 '들어가도 되나?' 싶은 느낌이

든다. 간판을 크게 내걸지 않고, 문을 무겁게 만들며 동선을 미로처럼 빙빙 돌려놓았기 때문이다. 모두에게 똑같이 개방되어 있지만 숨바꼭질이나 보물찾기를 하듯 저마다 다른 재미를 느낄 수 있는 게 LCDC서울의 특징이다. 그 LCDC에서 우연히 오뚜기 팝업스토어를 만났다. 오뚜기 팝업이라고 해서 들어갔지만 오뚜기 제품은 보이지 않았다. 그 대신 오뚜기의 상징색인 노란색으로 표현할 수 있는 거의 모든 것이 있었다. 노란 연필, 노란 지우개, 노란 오리, 노란 우산, 노란 메모지와 같은 문구류, 노란 참기름, 노란 3분 카레 박스, 노란 컵라면 뚜껑 등…… 노란 것들이 이렇게 많구나 싶었다. 동시에 오뚜기는 노란색으로 대표되니 '이런 팝업을 매년 계속할 수 있겠구나' 하는 생각도 들었다. 이곳은 오뚜기 제품을 광고하거나 자랑하거나 홍보하는 의도가 앞서지 않으면서도 누가 봐도 오뚜기를 말하고 있었다.

노란색은 오뚜기의 대표색이지만 오뚜기만의 것은 아니다. 오뚜기가 마음먹고 오뚜기 브랜드를 대대적으로 광고한다 하더라도 세상에 있는 노란색보다 많을 수는 없다. 그러나 모든 곳에 오뚜기 로고를 도배할 수는 없어도, 노란색을 볼 때마다 오뚜기를 떠올리게 할 수는 있다. 노란색이 상징하는 바를 선점함으로써 가장 강력하게 오뚜기를 광고하는 것이다. 오늘의집이 선점한 '#오늘의집'이라는 해시태그와 마켓컬리를 대표하는 '#온더테이블'이라는 해시태그는 해당 브랜드가 선점한 것이지만 독점한 것은 아니기에 소비자가 자발적으로 이 해시태그를 사용할 이유가 된다. 거의 모든 소비자가 자신만의 미디어를 소

LDCD서울X오뚜기 Y100 팝업 전경

유한 SNS 시대에는 독점이 아니라 선점이 유리한 전략이다.

3년이 지난 2025년 7월 어느 날, 오뚜기의 Y100 팝업스토어 기획자와 만나 대화를 나눌 기회가 있었다. 이런 브랜드의 특징은 막힘이 없다. 성수동 LCDC서울이라는 장소의 선택, 3월이라는 날짜의 선택, 오뚜기라는 브랜드를 표현하기 위해 제품이 아닌 컬러를 선택한 것 등 모든 것에 이유가 있다. 어느 것 하나 깊은 생각 없이 나오지 않은 게 없기에 질문과 동시에 답이 나왔다.

"오뚜기, 갓뚜기라는 말이 나오고 컬래버레이션 협업 제의도 많이 들어오면서 오뚜기라는 브랜드 단독으로 외부와 커뮤니케이션할 필요를 느꼈어요. 오뚜기 특정 제품이 아니면서도 실체가 있는 굿즈를 만들 수 있는 것으로, 오뚜기가 갖고 있는 여러 자산 중에서 은유적이면서도 오뚜기를 상징하는 '색깔'을 선택하게 되었죠. Y100은 우연히 발견하게 된 것인데, 오뚜기에서 지난 50년간 사용한 잉크값 가이드가 CMYK에서 나머지는 0, Y만 100이에요(CMYK는 컬러 인쇄에 사용되는 색상 모델로, 시안, 마젠타, 옐로, 블랙 네 가지의 잉크 색상이 결합되어 인쇄물에 다양한 색상을 만든다. 오뚜기의 색깔은 다른 잉크는 0, 노란색에 해당하는 Y만 100의 수치를 입힌 순수한 노랑이라는 뜻이다). 사내 컬러 시스템에서 발견한 Y100 색상은 스토리텔링도 되고 50년 넘게 계속 사용해온 역사이기도 해서 이를 Y100 프로젝트로 명명하고 굿즈를 만든 거죠. 태초의 스토리에서 발견한 이야기이자 브랜드 자산을 고객에게 직접 보여주기 위해 장소가 필요했고, 브랜드, 콘텐츠, 이야기를 표방하는 LCDC서울에서 따뜻한 봄에 오뚜기 Y100 프로젝트를 선보이고 싶었습니다."

2025년에 읽는 2022년 오뚜기 팝업은 이미 다 지나간 것처럼 느껴진다. 하지만 이는 사실 현재 팝업스토어를 관통하는 흐름을 보여준다. 트렌드는 새로운 것이며, 없던 것을 제시해 눈길을 끈다. 그래서 피곤하다고 느낄 수도 있다. 비유해 보면, 트렌드를 성수동에 매일 새롭게 오픈하는 가게 상호로 생각하면 따라가기 버거운 것이 된다. 성수동에 살고 있는 사람도 가게 상호를 다 알기는 어렵지 않은가. 하지만 트렌드는 성수동의 가게 상호가 아니라, 성수동을 관통하는 흐름과도 같다. 성수동은 매일매일 새롭게 변하고 오픈하는 가게도 많지만 그 저변에 어떤 축을 깔고 있다. 지금 성수동에서 핫한 팝업은 오뚜기는 아니다. 하지만 오뚜기가 안고 있는 그 축을, 오늘 오픈하는 팝업 스토어도 안고 있다.

지금 성수동의 축은 '공존'이다. 옛것과 새것의 공존, 근대와 현대의 공존, 뿌연 회색 시멘트와 푸른 자연의 공존, 가장 핫한 브랜드와 여전히 영업 중인 고물상의 공존(LDCD서울의 맞은편이 고물상이다). 성수동은 사람들이 원래 그 자리에 있었던 오리지널리티에 얼마나 열광하는지를 보여주는 증거다. 사람들은 의도하지 않은 이유로 삐뚤빼뚤, 꼬불꼬불, 울퉁불퉁해진 골목길이 어떻게 변주하는지 발견하는 재미를 좋아한다. 성수동과 오뚜기의 공통점은 공존 그리고 발견이다. 오뚜기는 50년의 자사 역사에서 Y100을 건져 올려 고물상 앞 LCDC서울에서 가장 현대적인 방법으로 보여주었다. 이야기 속 이야기가 콘셉트인 성수동 LCDC서울은 오뚜기의 이 발견을 위해 자신의 소중한 공간을 내주었다. 성수동과 오뚜기는 지나가고 말 유행이 아니다. 많은 것이 끊임없이 변주되고 발견되는 가운데, 성수동에서 다양한 팝업스토어가 오늘도 열리고 있다.

어떻게 소통할 것인가? 칠성 스테이션 기차 출발합니다!

팝업스토어와 플래그십스토어를 열지 않을 수는 없지만, 이전만큼 화제성을 얻기는 어렵다. 화제성을 얻으려면 색다른 이유가 필요하다. 그중 가장 색다른 이유가 바로 '직원의 친절함'이다. 다음은 2025년 5월 화제가 된 베르사체의 팝업스토어 후기다.

직원: 향수 시향 해보세요. 이번에 저희 모델은 카이입니다.
고객: 그래서 왔어요.
직원: 카이 원픽이신가요? 향수 구매하시면 미공개 화보 브로슈어 증정해 드립니다.
고객: 알고 왔어요.
직원: 그 부분은 설명 안 해드려도 되겠군요.
직원분과 이렇게 티키타카하고 왔다. 팝업스토어에는 베르사체 모델이 된 카이의 팬들이 대부분이고 팬들은 이미 다 알고 왔기에 설명을 들을 필요 없이 구매해 간다. 직원분이 이미 잘 알고 있다는 표정으로 친근하면서도 친절하게 대해주셔서 극I인 나도 부담스럽지 않게 스몰토크 할 수 있어서 좋았다.

- 베르사체 팝업스토어 후기 중

친근하면서도 친절함, 21세기에 가장 중요한 인간의 스킬이다. 일 때문에 팝업스토어를 매주 다녔었던 필자에게 가장 눈에 띄는 것은 직원의 태도였다. 럭셔리 화장품 브랜드 팝업에서 구매도 하고 선물도 많이 받았는데, 가장 거슬리는 것은 설명하는 본인조차 어색해하는, 방금 모델 학원에서 섭외된 듯한 직원의 태도다. 패션 브랜드, 뷰티 브랜드, 식품 브랜드 할 것 없이, 해당 브랜드에 대한 지식과 애정이 고객보다도 못하다면 거기 서 있을 필요가 없다. 중요한 자질은 고객을 왕으로 모시는 태도가

익선동 칠성스테이션 팝업 전경

아니라 해당 브랜드에 대한 애정의 표현이다.

고객 경험이 훌륭하기로 유명한 애플 스토어에서 매장 직원은 '지니어스Genius'라 불린다. 이들은 서비스 제공자인 동시에 애플 제품에 대한 지식을 보유한 사람들이다. 명품 브랜드들 역시 브랜드에 대한 지식과 애정을 가진 사람들만 매장을 지킬 수 있도록 세일즈 어시스턴트(SA)를 엄격하게 관리하고 있다.

직원의 태도 면에서 식품 브랜드가 참고할 만한 팝업으로는 칠성사이다의 '시간을 달리는 칠성스테이션'이 있다. 롯데칠성음료는 2024년 5월 사이다 74주년을 맞아 칠성사이다 레트로 에디션을 한정 판매했다. 그 시절 향수를 전달하면서도 새로움을 주기 위해 기획된 제품으로, 1950년대 최초의 사이다를 그대로 복원했으며 그 당시의 사이다 제조법을 그대로 적용했다. 그리고 이를 기념해 오픈한 것이 서울 익선동의 칠성사이다 팝업스토어 '시간을 달리는 칠성스테이션'이었다.

칠성스테이션에 도착하면 기차표를 받고, 칠성사이다 역사를 읽고, 칠성사이다의 옛날 가격에 대한 퀴즈를 풀고, 사이다와 달걀을 받아 기차를 타서 그 옛날의 칠성사이다 광고를 봤다. 2층에 올라가 향수 가득한 레트로 굿즈를 구경하고 뽑기를 하며 스티커 사진을 찍는 등 작지 않은 건물을 오르내리며 한 바퀴를 다 돌아 스테이지를 이어나갔다. 스테이지마다 옛날 기차의 승무원 같은 직원분들이 안내를 하고 퀴즈를 내는 등 직원들과 커뮤니케이션할 순간들이 많았는데, 이들은 모두 70년대의 승무원 복장을 입은 자신의 모습에 어색해하지 않고 특유의 뻔뻔함과 발랄함을 유지함으로써 그곳에 온 사람들을 싣고 말 그대로 '시간을 달려' 그 시절로 데려갔다. 나중에 관계자에게 물어보니 연기 지망생들을 섭외했다고 한다. 그렇다, 남은 것은 사람이다. 기술의 시대에 우리가 어필해야 하는 것은 사람의 말과 태도, 내 앞에 살아 숨 쉬는 사람이다.

"칠성역 기차 출발합니다. 사이다 마시면서 오라이~!"

맛집의 변화: 대한민국에서
두 번 다시 없을 이름, 성심당

지난 10년 동안 가장 주목받은 국내 여행지는 과연 어디일까? 놀랍게도 '대전'이다. '국내 여행'의 연관어를 살펴보면 '대전 여행'이 2020년 이후 꾸준히 상승하고 있다. 2020년 45위였으나 해마다 거의 열 계단씩 상승해 2024년에는 10위를 차지했다.

우리나라의 대표 관광지인 제주도와 제2의 도시 부산, 천년 고도 경주, 아름다운 동해바다를 즐길 수 있는 강릉과 속초 등 오랫동안 여행지로 사랑받은 도시들과 비교하면 대전은 '어떤 특색이 있지?' 하고 조금은 의아하게 느껴질 수 있다.

대전 여행의 성장 배경에는 바로 대전에 가면 반드시 들러야 할 곳으로 꼽히는 '빵지 순례'의 성지, '성심당'이 있다. 빵지 순례란 '성지 순례'에서 유래된 말로, 유명한 빵집을 찾아다니며 빵을 맛보는 여행을 뜻한다. 특정 지역이 관광지로 각광받으

	Covid-19								
	2020년		2021년		2022년		2023년		2024년	
No	키워드	언급량(회)	키워드	언급량(회)	키워드	언급량(회)	키워드	언급량(회)	키워드	언급량(회)
1	제주도	41,287	제주도	31,693	제주도	58,010	제주도	63,272	제주도	41,280
2	부산	21,480	부산	23,165	부산	53,280	부산	51,127	부산	37,231
3	강원도	19,537	경주	12,718	경주	29,622	경주	33,919	강릉	20,189
4	강릉	16,349	강릉	11,330	강릉	23,033	강릉	25,326	경주	18,107
5	여수	14,116	여수	8,808	여수	14,497	여수	16,389	속초	14,046
...										
9	남해	3,606	전주	3,253	강원도	9,118	강원도	8,624	전주	6,219
10	광주	3,533	남해	2,353	대구	4,648	대구	5,861	대전	5,581
11	목포	3,045	춘천	1,721	통영	4,561	대전	4,559	대구	4,662
12	서울	3,023	포항	1,560	포항	4,027	남해	4,016	남해	2,482
...										
18	대구	1,634	가평	1,105	대전	1,744	거제	2,323	거제	1,571
19	통영		거제	938	양양	1,604	울산	2,063	통영	1,571
20	태안		단양	908	태안	1,487	목포	1,864	태안	1,378
...										
32	경남	444	대전	434	평창	531	고성	459	울릉도	491
...										
45	대전	242	전라도	274	대관령	4				

출처: 생활변화관측소 오픈하우스 2025 1Q 대한민국 여행부 축제 자료

'○○ 여행' 연도별 언급 순위 변화

며 해당 지역의 맛집이 부상한 경우는 있어도, 맛집이 해당 지역의 여행을 견인한 것은 전에 없던 일이다. 앞으로도 비슷한 현상을 기대하기는 어려울 것이다.

대전을 대표하는 빵집 성심당의 인기는 코로나19 이후 폭발적으로 상승했다. 2024년에는 성심당이 파리바게뜨와 뚜레쥬르 등 대형 베이커리 프랜차이즈의 영업이익을 넘어섰다는 뉴스가 보도된 적도 있다.

소셜 빅데이터상에서도 성심당의 인기는 대단하다. '빵 사다'라는 어휘의 연관 카페/베이커리 브랜드 중에서 성심당은 3년

\	2022년			\	2023년			\	2024년		
순위	키워드	언급량(회)	비중(%)	순위	키워드	언급량(회)	비중(%)	순위	키워드	언급량(회)	비중(%)
1	스타벅스	3,652	29.6	1	스타벅스	3,172	31.4	1	성심당	3,576	32.4
2	파리바게뜨	3,242	26.3	2	성심당	2,237	22.2	2	스타벅스	2,694	24.4
3	성심당	1,498	12.1	3	파리바게뜨	1,797	17.8	3	파리바게뜨	1,732	15.7
4	뚜레쥬르	1,235	10	4	뚜레쥬르	801	7.9	4	뚜레쥬르	846	7.7
5	투썸플레이스	654	5.3	5	런던베이글뮤지엄	570	5.6	5	런던베이글뮤지엄	838	7.6
6	던킨	471	3.8	6	투썸플레이스	437	4.3	6	투썸플레이스	381	3.5
7	공차	427	3.5	7	빽다방	317	3.1	7	빽다방	287	2.6
8	이디야	403	3.3	8	이디야	284	2.8	8	메가커피	239	2.2
9	빽다방	377	3.1	9	던킨	250	2.5	9	이디야	227	2.1
10	설빙	376	3	10	공차	224	2.2	10	던킨	215	1.9

출처: 생활변화관측소

데이터 '빵 사다 어휘 그룹'의 연관 카페/베이커리 브랜드 연도별 순위 변화
'빵을 사다'라는 의미를 담은 여러 언어를 합집합의 말뭉치로 만들어
그 말뭉치의 연관어를 관찰한 결과다.

동안 꾸준히 언급 순위가 상승했다. 2023년에는 파리바게뜨를 역전하더니 2024년에는 대한민국의 메가 트렌드 키워드인 스타벅스를 역전하며 1위를 차지했다. 적어도 '빵'에서만큼은 현재 성심당이 국내 최고로 인정받고 있다는 것이다. 대전의 로컬 빵집인 성심당이 최근 몇 년 사이 어떻게 이렇게 전 국민적인 인기를 얻을 수 있었던 걸까?

성심당, 대한민국 F&B 트렌드를 말하다

첫 번째 이유는 현재 대한민국의 트렌드와 잘 맞물려 있기 때문이다. 성심당의 대표 케이크인 '시루' 시리즈가 성심당의 인기를 견인한 직접적인 요인이라고 할 수 있는데, 시루 시리즈가 갖고 있는 특징이 바로 대한민국 F&B 트렌드를 설명한다.

디저트, 케이크, 그리고 제철. 이런 트렌드 속에서, 저렴한 가격에 제철 과일이 가득 올라간 화려한 비주얼의 케이크를 지나치기는 쉽지 않다.

"딸기시루 비주얼 공유합니다. 그야말로 폭륭적인 케이크! 원 없이 맛있는 딸기 케이크를 먹음."

물건이 차고 넘치는 시대, 한정판은 '럭셔리'를 만드는 기술이다. 100만 개라도 찍어낼 수 있지만 일부러 100개로 한정함으로써 가치를 만들어낸다. 럭셔리는 '높음'이 아니라 '다름'이다. 쉽게 말해 다들 바쁜 아침을 맞이할 때 여유로운 슬로우 모닝을 보내는 것은 럭셔리로 인식된다. 그래서 체에 가루를 거르고, 걸러낸 가루에 물을 넣고 휘젓는 격불 과정을 거쳐야만 마실 수 있어 번거롭기 그지없는, 슬로우 모닝을 대표하는 음식인 '말차' 역시 럭셔리다. 이때만, 여기서만, 나만 즐길 수 있는 것이 럭셔리다.

이것이 성심당과 무슨 관련이 있느냐고? 성심당이 계절마다 다른 제철 과일로 선보이는 '시루' 시리즈도 이런 의미에서 럭셔리이기 때문이다. 제철은 자연이 만든 한정판이다. 성심당은 의도적으로 럭셔리를 추구하지는 않았지만 대전이란 지역을 고집하고, 신선한 재료를 고집하고, 가장 최상의 맛을 낼 수 있는 제철 케이크의 판매 기간을 한정하면서 자연스럽게 럭셔리가 되었다. 이 '럭셔리'를 맛보고자 사람들은 망설이지 않고 대전으로 여행을 떠나는 것이다.

빵과 디저트 트렌드뿐만 아니라, 성심당은 짧은 당일치기

성심당의 대표 제품 중 하나인 '딸기시루'

여행을 의미하는 '퀵턴여행' 트렌드와도 맞물려 있다. 퀵턴여행은 처음에 위스키 등의 비싼 술을 사기 위해 가장 짧은 노선 비행기표를 끊어 면세점을 들른다는 의미로 사용되었지만 의미가 확장되어 평일 한가운데 잠깐 다녀오는 짧은 여행을 뜻하는 말이 되었다. '성심당 빵지 순례'는 일상 속 짧은 일탈을 위한 좋은 명분이 된다. 인천에 가서 바다를 잠깐 보고 올 수도 있지만, 사람들은 인기 절정의 빵을 사러 대전 당일치기 여행을 하는 게 더 재미있고 매력적이라고 느끼게 되었다. 성심당의 인기 요인에는 대전의 위치적 이점도 있다. 대전은 철도 교통의 요지라 어디서든 기차를 타고 평일에 잠깐 다녀와도 될 정도로 심리적인 장벽이 높지 않고, 성심당은 대전역 근처에 있어 접근성이 좋다. 즉, 성심당은 제철 과일 케이크 '시루'라는 메시지(콘텐츠)와 메시지에 가 닿을 수 있는 방법(채널) 양면 모두 트렌드와 맞아떨어진 것이다.

성심당, 기업의 진정성을 말하다

성심당의 두 번째 성공 비결은 진정성 있는 브랜드 철학이다. 성심당은 가톨릭 정신을 바탕으로 '모든 이가 다 좋게 여기는 일을 하라'는 경영 이념을 실천하는 기업으로 알려져 있다. 성심당이 대전에서 지금의 명성을 얻게 된 데에는 빵의 맛도 큰 역할을 했지만, 예전부터 하루 동안 안 팔리고 남은 빵들을 모두 보육원에 기부하는 변함없는 정책 덕도 있었다. 성심당은 이 정책을 통해 생산한 지 하루가 지난 빵은 절대 팔지 않고 신선한 빵만 제공한다는 이미지도 구축할 수 있었다. 또한 직원들과의 관계에서도 노사 간 빈부 격차를 줄이고 모두가 함께 성장할 수 있는 경영 방식을 선택해 온 것으로도 알려져 있다. 이런 성심당에 소비자들은 '성심당 진짜 돈쭐 날 만 해요' 같은 말로 환호하고, '옛날엔 빵 남는 거 다 보육원에 기부했는데 요즘은 빵이 안 남으니까 보육원에 줄 빵을 그냥 따로 만들어요'라며 성심당의 사회 공헌 활동을 앞장서서 홍보하기도 한다.

사실 필자는 어려서부터 성심당 빵을 먹고 자랐다. 다섯 살 꼬마일 때부터 성심당 길 건너 성당 유치원에 다녔다. 성당의 간식은 늘 성심당 빵이었다. 그때도 성심당은 오늘 팔고 남은 빵을 보육원이나 어려운 이웃에게 다 나눠준다고 했다. 성심당 분점을 내는 것은 성심당에서 오래 일한 직원들에게만 허락해 주었고, 직원들과도 잘 지내기도 유명했다. 내 기억만으로도 이미 40년이 넘은 이야기다.

그뿐만 아니라 성심당은 지역과의 상생을 위한 해결책도 제시하고 있다. 대표적으로 대전 이외의 지역에 지점을 내지 않는다. 얼마나 많은 유통사가 성심당을 찾아갔을까? 군산, 전주, 대구 거의 모든 지역의 유명 로컬 빵집이 서울의 유명 백화점 안에 들어왔다. 높은 명성에도 불구하고 타 지역 백화점에 입점하지 않은 유일한 곳이 성심당이며, 아이러니하게도 가장 유명한 로컬 빵집으로 남은 곳 역시 성심당이다. 성심당은 오히려 '대전빵문의 해'를 표방하며 사람들이 대전을 찾도록 유도했다. 대기 줄을 지하상가에서 서게 함으로써 지하상가의 상권 활성화를 도왔고, '빵 보관소'를 만들어 사람들이 무거운 빵은 맡겨놓고 주변 관광을 할 수 있도록 도왔다. 성심당에서 판매하는 시루에 들어간 딸기, 밤, 등도 주변에서 나는 제철 생산물이다. 이런 성심당의 사려 깊은 아이디어는 사람들이 성심당과 대전을 방문하게 만드는 데 큰 역할을 했다.

성심당을 방문할 때마다 성심당이 사람들을 불편하지 않게 하기 위해 계속해서 생각하고 실천하고 있다는 것이 느껴진다. 줄을 어디로, 어떻게 서게 할 것인가? 케이크 줄과 빵 줄을 달리 세우고, 빙수와 음료는 2층으로, 케이크 줄에서 시루는 테이블링으로 예약하고 롤케이크는 바로 사 가게 하자. 여름에는 가능하면 해가 비치지 않는 곳에 줄을 세우되 대형 선풍기를 설치하고 우산을 배부하자. 겨울에는 춥지 않게 지하상가로 들어가 줄을 서게 하고 난로를 비치하자. 빵을 고르고, 계산을 기다리다 보면 성심당의 이런 사려 깊은 고민이 엿보인다.

구도심의 좁은 주차장 문제를 극복하기 위해 주차 자리를 확보해 가는 방식도 흥미로운데, 부지를 사들여 거대한 주차장을 짓는 게 아니라 주변 주차장에 조금씩 '성심당 주차 구역'을 만드는 식으로 주차난을 해결하고 있다. 이를테면 100대를 주차할 수 있는 공영 주차장이 인근에 있다면, 그중 성심당 고객용으로 열 자리 정도를 확보하는 식이다.

성심당은 가게 일대를 다 사들여 전체를 부수고 초대형 타워를 짓는 식으로 확장하지 않는다. 구도심의 기존 건물들을 그대로 두고, 일부를 사서 확장해 나가는 방식을 취한다. 케이크는 다음 블록으로, 떡은 건너편 건물로, 문화원은 조금 더 걸어가서, 주차장은 길 건너에……. 동선을 너무 꼬지 않으면서도 사람들이 분산될 수 있게, 무엇보다도 기존의 도시를 파괴하지 않도록 조심하면서 끊임없이 고민해 점진적으로 확장해 나간다. 부수지 않고도 변화하고, 안주하지 않으면서도 지켜내는 것. 그 어떤 기업과 브랜드도 상생하며 확장할 수 있다는 것이 성심당이 보여주는 교훈이다.

로컬이 지녀야 할 고유함에 대하여

로컬 빵집이었던 성심당이 전국적으로 성공한 이유는 진정성 있는 기업이 트렌드와 조우했기 때문이다. 두 개의 트렌드, 두 개의 마음이 더해져서 성심당만의 고유함을 만들어냈다. 지역과 상생하고자 하는 마음이 차별화된 아이디어로 발전했고,

소비자들은 이런 진정성과 고유함을 알아봤다. 소위 말하는 '인스타 맛집'이 아니라 '로컬 맛집'이 부상한다. 소비자가 로컬에 기대하는 것은 이러한 고유함이다.

유통의 변화: 1인 가구가 코스트코에 간다고요?

코로나19는 장을 보는 유통 채널의 변화를 이끌었다. 디지털 혁명으로 모두가 온라인 쇼핑을 하는 것 같았지만 개중에도 습관처럼 매주 오프라인 마트를 찾던 사람들이 있었다. 이들을 끝내 온라인 쇼핑몰로 이끈 것은 코로나19라는 강제적인 상황이었다.

그렇다면 코로나19가 끝나고 유통 채널은 어떻게 되었을까? 발길이 끊겼던 오프라인 채널은 쇠퇴하고, 온라인 쇼핑몰의 점유율이 더 커졌을까? 아니면 기존의 경향성을 되찾았을까? 코로나19 이후 유통 채널의 변화를 살펴보고자 한다.

이를 위해 '요리하다'라는 키워드와 함께 언급된 유통 채널의 순위를 살펴보았다. 2022년부터 2024년까지 눈에 띄는 변화는 무엇이 있을까? 첫째는 쿠팡의 약진이다. 쿠팡은 팬데믹이 끝나고도 2022년에는 7위로, 2023년에는 4위로, 2024년에는 3위로 올라서며 성장을 계속하는 모습을 보였다.

둘째로는 다이소의 약진이다. 다이소는 화장품, 요리, 동네 산책 등 거의 모든 영역에서 상승 중인 채널이다. 요리와 관련해서는 재료보다도 '도구'로 주목받고 있는데, 파스타 쿠커와 마늘 다지기, 채소 탈수기 등 5,000원 정도에 살 수 있는 조리도구들이 각종 SNS에 바이럴되며 이러한 현상이 나타났다.

그리고 마지막으로 흥미로운 점은 코스트코가 빠르게 성장하고 있다는 사실이다. 키워드 언급 순위를 놓고 보면 2022년 여덟 번째에 머물렀던 코스트코가 2023년 다섯 번째로 상승했고, 2024년에도 5위를 지키고 있다. 코스트코 코리아의 최근 회계연도(2023년 9월~2024년 8월) 매출은 6조 5,300억 원으로 전년 대비 7.6% 증가했고 영업이익은 2,185억원으로 15.8% 증가했다. 1인 가구 비율이 30%가 넘어가고 있는 한국에서, 대용량 판매와 연 회원제라는 오래된 방식으로 유통하는 코스트코가 왜 다시 주목받고 있는 걸까?

코스트코에 등장한 1인 가구

코스트코는 '아들 둘이 있는 집이라면 무조건 간다'고 표현할 만큼 오랫동안 대가족 전용 매장처럼 여겨졌다. 혹은 작은 식당이나 카페를 운영하는 자영업자들이 영업용 식재료를 판매하기 위해 가는 곳이 코스트코였다. 그만큼 대용량 판매 중심이라 1인 가구가 식재료나 물건을 사기에는 적절치 않게 여겨졌다.

2022년			2023년			2024년		
순위	키워드	언급량(회)	순위	키워드	언급량(회)	순위	키워드	언급량(회)
1	마트	1,476	1	마트	1,233	1	마트	1,128
2	시장	484	2	시장	507	2	시장	437
3	인터넷	454	3	인터넷	434	3	쿠팡	361
4	편의점	379	4	쿠팡	293	4	인터넷	328
5	이마트	374	5	코스트코	277	5	코스트코	277
6	마켓컬리	367	6	편의점	274	6	편의점	272
7	쿠팡	347	7	이마트	257	7	다이소	212
8	코스트코	305	8	마켓컬리	247	8	이마트	203
9	다이소	270	9	다이소	225	9	마켓컬리	194
10	온라인	225	10	온라인	206	10	온라인	164
11	홈플러스	133	11	홈플러스	116	11	홈플러스	98
12	백화점	122	12	백화점	83	12	백화점	68
13	쇼핑몰	120	13	쇼핑몰	80	13	대형마트	66
14	대형마트	85	14	오프라인	65	14	스타필드	56
15	롯데마트	85	15	대형마트	61	15	쇼핑몰	54

출처: 생활변화관측소

'요리하다' 키워드와 함께 언급된 유통 채널의 순위

하지만 1인 가구가 여럿이 모여 '팀'이 되면 코스트코의 용량도 거뜬히 소화할 수 있다. 이러한 발상에 착안해 코스트코 멤버십 카드를 가진 친구, 짐을 싣기 위한 차량 운전을 맡은 친구, 계산을 담당한 친구가 함께 소위 'n빵 팀', 즉 n분의 1로 더치페이하는 팀을 꾸려 코스트코를 방문하는 경우가 늘었다. 비슷한 생활 리듬과 소비 습관을 지닌 1인 가구들이 멤버십과 차량을 공유하고, 상품을 나눠 갖는 새로운 소비 패턴이 나타난 것이다. 요즘은 '멤버십 하나에 주유비까지 삼등분해서 나누면 덜 사는 사람이 손해'라는 말도 있다.

이는 1인 가구가 '결혼 전의 임시적인 형태'가 아니라 앞으로도 계속되는 안정적인 형태로 자리 잡으면서 나타난 현상이다. 만약 내가 1인 가구이고 이 형태가 앞으로도 계속되리라고 생각해 보자. 그렇다면 무엇이 필요할까? 시스템을 갖춰야 한다. 장은 어떻게 보고, 어떻게 보관해서, 어떻게 요리해 끼니를 해결할 것인가에 대한 시스템이다. 매번 배달 음식을 먹거나 대충 때울 수는 없고, 그렇다고 바쁜 현대인이 매주 오프라인 마트에 가서 장을 보기는 번거롭다. 또 편의점에서 식재료를 사기엔 돈이 너무 많이 든다. 그런 고민 끝에 '코스트코 n빵 팀'이 탄생한 것이다.

코스트코에서 대용량 고기를 사서 친구들과 n분의 1로 나누고, 소분해 냉동해 두었다가 한 덩이씩 꺼내 쓰는 방식은 적은

요즘 1인 가구의 코스트코 소분 모임

용량을 그때그때 사는 것보다 경제적이고 편리하다. 고기, 쌀, 물 등의 생필품도 마찬가지다.

코스트코가 다시 성장하는 두 번째 이유는 한국인의 밥상이 달라졌다는 것과 관련이 있다. 된장찌개와 콩나물국으로 대표되던 한국인의 전통 식단이 파스타와 브런치, 스테이크처럼 서구식 메뉴로 바뀌고 있다. 코스트코가 강세를 보이는 품목인 빵, 우유, 피자, 소고기, 와인, 연어, 새우, 삼겹살 등은 요즘 소비자들이 가장 즐겨 먹는 것들이다. 한국인의 밥상이 바뀌면서 양질의 식재료를, 합리적인 가격에 대용량으로 구매 가능한 코스트코가 일상의 식탁과 더 가까워진 셈이다.

'추천-계획-소분'이라는 소비 패턴

마지막으로 주목할 것은 밀프렙Meal Prep 문화다. 밀프렙은 한꺼번에 대량의 식재료를 구매해 미리 손질하고, 한 끼씩 소분해 보관하는 방식이다. 2023년 초부터 '밀프렙' 언급량이 가파른 상승 곡선을 그리고 있다. 밀프렙은 장을 보러 가기가 쉽지 않은 미국에서 발달한 문화다. 우리나라처럼 집 바로 앞에 편의점과 동네 마트, 대형 마트가 즐비하며 온라인 주문을 하면 다음 날 새벽에 문 앞까지 배달해 주는 나라에서는 다소 낯설다. 이처럼 장을 보기가 용이한 우리나라에서 밀프렙 문화를 시작한 사람들은 바로 이유식을 준비하는 아기 엄마들이었다. 매일 아기를 위해 이유식을 준비해야 하는 수고로움을 덜기 위해 재료를 미리 준비하고, 소분한 후 냉동해 두는 식의 요리법이 엄마들 사이에서 인기를 끈 것이다. 그렇게 알려진 밀프렙이 1인 가구들 사이에서 효율적인 식사 문화로 자리 잡고 있다. 매일 장을 보고 매일 요리해 줄 엄마가 없는 상황에 매일 스스로를 챙겨야 하니 '내가 만든 조리 키트' 같은 밀프렙을 만드는 것이다.

"배달비만 한 달에 20만 원이 넘길래, 밀프렙을 시작했어요. 주말에 한 번 밀프렙 해두니 주중엔 시간도 돈도 절약돼요."

밀프렙은 소비자에게 다섯 가지 니즈를 충족시켜 준다. 첫째, 경제성. 물가가 높더라도 재료를 대용량으로 사서 소분하면, 소량으로 여러 번 구입할 때보다 비용을 절감할 수 있다. 둘째, 건강관리. 재료를 직접 선택하고 간을 조절할 수 있으니 건강관리가 수월해진다. 또한 '저속 노화'로 유명한 병아리콩, 귀리, 카무트쌀 등의 재료를 선택하고 저당 소스를 활용하는 등 몸에 덜 부담되는 선택지를 챙길 수 있다는 점도 매력적이다. 셋째, 효율성. 대량으로 산 고기를 알맞은 크기로 나누어 놓으면 아침·저녁 식단이 단숨에 완성되니, 주중 식단 준비 시간을 크게 단축되고 계획적인 식사도 가능해진다. 넷째, 심리적 만족감. 나눠둔 재료를 활용해 계획적으로 점심 도시락까지 챙길 수 있으니 하루를 알차게 설계했다는 뿌듯함, 자기만족감도 따라온다. 마지막으로 밀프렙으로 완성한 '도시락'의 매력도 빼놓을 수 없다. 도시락은 팀장과의 점심 약속을 피할 수 있는 가장 세련된 명분이다. '팀장님, 저는 도시락을 싸 와서 점심을 같이 먹기 어렵습니다.' 이보다 더 좋은 핑계가 없지 않은가.

고물가 시대라는 말로 모든 것을 설명할 수는 없다. 경제적 이유는 물론 중요한 동기이지만, 소비자가 절약만을 위해 행동하지는 않는다. 시작은 생활비 절약이었을 수 있지만 이를 계속해 나갈 수 있는 동력은 자기만족감과 재미, 손에 잡히는 성취감과 같은 심리적 요인이다.

그리고 밀프렙을 만들기 위한 '추천-계획-소분'이라는 소비 패턴은 코스트코의 대용량 판매 구조와 완벽하게 맞아떨어진다. 소비자는 매달, 매주 쏟아지는 '코스트코 추천템' 영상을 보고, 한 달에 한 번 계획적으로 장을 본다. 코스트코는 바이럴 마케팅을 하지 않지만 어떤 유통 채널보다도 추천 아이템 영상이 많다. '이번 달 코스트코에서 꼭 사야 하는 꿀템 모음', '잘 알려지지 않은 코스트코 신상 추천', '코스트코 가면 무조건 사야 하는, 연회비 뽕 뽑는 코스트코 추천템'. 보는 사람이 많아지니 코스트코 추천 영상은 더 늘어난다. 추천템을 보고 구매하고, 돌아와서는 2.5kg짜리 고기를 뚝뚝 잘라 진공 포장하고, 냉동 칸마다 깔끔히 채워둔다. 이 과정을 담은 SNS 콘텐츠가 재생산, 공유되면서 코스트코 쇼핑은 계획적이고 합리적인 성실한 1인 가구의 상징으로 자리 잡았다.

코스트코를 애용하는 것이 비단 1인 가구뿐만은 아니지만, 1인 가구는 한국 사회의 변화를 읽는 중요한 힌트를 제공한다. 과거에는 '1인 가구'라고 하면 결혼 전에 혼자 거주하는 임시적인 형태를 떠올렸다. 자기만의 생활 방식을 구축하며 정착한 1인 가구가 생겨난 것은 비교적 최근의 일이다. 한정된 자원으로 효율을 추구하는 1인 가구는 자기만의 라이프스타일을 만들기 위해 고군분투한다. 이처럼 소비 행동은 소득 수준과 나이, 성별이라는 단일 요인으로만 설명되지 않는다. 물가 상승(경제), 1인 가구 증가(인구), 냉동식품 발달(산업), 자기만족을 추구하는 '밀프렙' 루틴(가치), 이를 공유하는 플랫폼(매체) 등이 동시에 작동할 때, 코스트코와 한국 사회가 만나는 지점이 만들어진다. 1990년대 한국에 진출한 코스트코는 저마진, 대용량, 유료 회원제라는 변함없는 원칙을 유지해 왔다. 반면 한국 사회는 1990년대 이후 끊임없이 변화를 거듭해 왔다. 변하지 않는 코스트코와 변화무쌍한 한국 사회의 필요가 맞물리는 순간을 바라보며 본질에 대해 다시 생각해 보게 된다.

선택 없음의 자유

마지막으로 코스트코 붐에서 엿볼 수 있는 것은 '선택 없음의 자유'다. 코스트코의 SKUstock keeping unit, 즉 상품 종류는 다른 대형 유통사보다 훨씬 적다. 예를 들어 우유를 보자. 코스트코에서 파는 흰 우유는 2.3L 단 한 종류다. 일반 마트에서 흔히 볼 수 있는 3~4개 브랜드, 500ml, 1,000ml 단위 제품은 찾아볼 수 없다.

코스트코의 또 다른 장점은 카테고리당 선택지가 적다는 것이다. 얼핏 들으면 선택지가 적다는 것은 단점처럼 느껴지지만, 각각의 카테고리마다 최고의 제품을 선별해 놓았다고 믿는다면 선택의 필요성이 없다는 건 장점이 된다. 선택이 제한적일 때는 선택지가 장점이 되지만, 선택지가 너무 많아서 피로감이 느껴질 때는 오히려 선택할 자유가 없다는 게 장점이다. 최근 직장인의 점심 선택지로 부상하고 있는 구내식당 역시 '선택 없음의 자유'가 장점으로 작용한 사례다. 지금껏 구내식당이 이렇게 화제가 된 적은 없었다. 구내식당은 직장가의 '생존식'으로 점심값을 아끼고자 하는 직장인들 사이에서 주목받고 있지만, 이 역시 반드시 고물가 때문만은 아니다. 더 저렴한 편의점 도시락은 반대로 판매가 하락하고 있다는 것이 그 방증이다.

구내식당의 퀄리티가 좋아진 것도 중요한 포인트다. 2021년과 2025년 구내식당의 연관 감성 키워드를 비교해 보면 '싸다', '해결하다', '맛없다'는 하락하고 '필요하다', '즐기다', '좋아하다', '다양하다'가 상승한 걸 알 수 있다. '맛있는 구내식당 밥이 최고의 복지'라는 말도 있다. 언제 일어날지 모르는 가정 대소사를 챙겨주는 것보다도 당장 오늘의 점심값을 아낄 수 있게 해주는 것이 최고의 복지로 다가오는 것이다.

구내식당과 코스트코의 공통점은 '선택 없음의 자유'다. 구내식당의 정해진 메뉴, 코스트코의 적은 SKU는 소비자의 선택을 제한하는 것이 아니라 선택의 과정을 줄여주는 편리함으로 다가온다. 상대가 최선을 다해서 선택했다고 믿을 때, 소비자는 선택권을 기꺼이 양도한다.

야구장 먹거리: 브랜드가 야구장으로 달려가야 하는 이유

2025년에도 그러했지만 2026년에도 식품 회사는 야구장으로 달려가야 한다. 지금 대한민국에서 야구장만큼 남녀노소 모두가 모이는 장소가 없기 때문이다. 야구장은 축제의 장이자 팬덤의 성지이고, 낭만의 대명사이고 모두가 목이 터져라 '우리' 팀을 외치는 마지막 남은 공론장이다. 물론 남녀노소 모두가 모이는 장소는 야구장 외에도 많다. 박물관, 극장, 놀이공원……. 하지만 야구장만이 가진 차별점이 있다. 무엇이든 먹어도 되고 소리를 질러도 되는 자유가 있는 공간이란 것이다.

먹으러 가는 야구장

극장은 먹으면서 볼 수 있다는 자유가 있지만 소리 지를 수 있는 자유가 없다. 에버랜드, 롯데월드 등의 놀이동산은 먹으면서 소리 지르는 자유가 있지만 먹거리 다양성의 자유가 없다.

'야구장+보다' 키워드와 '야구장+먹다' 키워드의 추이

한 번 들어가면 외부 식당 접근성이 떨어지고 배달 음식을 받기도 어렵다. 반면 야구장은 내부 음식의 퀄리티도 나날이 발전하고 있으며, 근처 식당에의 접근성도 좋고, 배달 음식도 들고 들어갈 수 있고, 경기를 보고 소리를 지르면서도 먹을 수 있다. 지금 야구장이 흥하는 것은 스포츠 때문이 아니라 이 모든 게 가능한 남녀노소 모두의 놀이터이기 때문이다.

야구장 연관 음식으로 치킨과 맥주는 기본, 떡볶이에 케이크, 초밥까지 상승하고 있다. 떡볶이는 푸드트럭의 영향이 크다. 프로야구 한국시리즈를 기념해서 렌털전환RX 전문 기업 프리핀스와 푸드트럭 스타트업 푸드트래블이 2024년 10월 발표한 '이것저것 리서치: 푸드트럭편'에 따르면 프로야구를 직관하는 팬들 10명 중 7명(71%)은 '이번 시즌에 푸드트럭을 이용해 봤다'고 한다. 케이크는 대전 성심당과 한화이글스 팬덤이 결합한 덕도 크지만, 야구장에서 생일을 기념하는 일도 많아지고 있다.

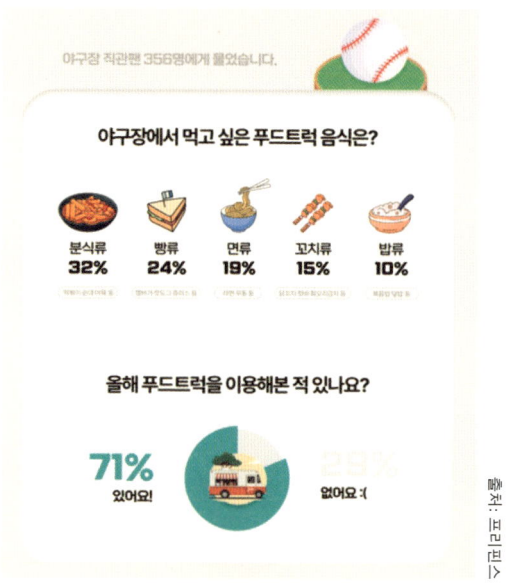

야구장 푸드트럭 이용에 관한 설문

경기와 무관한 생활의 이벤트가 야구장에서 이루어지는 것이다. 다시 말하지만 아무것도 막지 않고 모든 게 가능한 자유를 누릴 수 있는 곳이 야구장이다. 초밥은 야구장에서 파는 음식이 아니라 포장해서 들고 들어가는 특식이다. 초밥이 야구장의 인기 음식이 되었다기보다는 야구장에서 '어디까지 먹어봤니'를 자랑하는 음식으로 떠올랐다.

야구장은 음식의 종류는 물론이며 어떤 행동을 해도 거의 제한받지 않는다. 여기 모인 사람들의 공통점은 오직 '야구 팬'이라는 것이다. 물론 야구장에서 옆 사람과 명함을 주고받고, 연락처를 교환하며 적극적으로 사교를 하는 것은 아니지만, 사람들은 이곳에 모인 수많은 사람이 나처럼 야구를 좋아한다는 점에서 느슨한 유대감을 느낀다.

현장감과 결속감의 박람회

직접 관람하는 '현장감'을 느끼면서 참석한 많은 사람과 '결속감'을 느끼는 또 다른 장소가 있다. 박람회다.

서울카페쇼, 국제주류박람회, 서울디저트페어, 차문화대전, 카페디저트페어는 웨딩박람회, 베이비페어, 불교박람회, 취업박람회와 함께 2024년 박람회 상위 15위 안에 랭크한 음식 관련 박람회다. 소비자는 박람회를 경험하고 발견하고 배우는 공간이라 말한다. 경험, 발견, 배움. 즉 몸을 가진 인간이 내 안에 무언가를 채우는 행위가 소중해진 것이다.

국제차문화대전 후기: 인터넷보다는 조금 저렴한 편이고 평소 마음에 담아둔 차를 시음해 보고 구매할 수 있어 좋다. 그리고 새로운 차도 발견하고, 차를 우리는 방법이나 다구 사용법도 배울 수 있다. 또 다구들도 내 눈으로 직접 보고 살 수 있는 것도 좋고……. 무엇보다도 이 모든 것이 한 장소에 있는 게 가장 좋은 점인 것 같다. 내년에도 방문해야겠다.

비단 음식 분야만이 아니다. 서울국제도서전에 몰린 15만 명의 사람들을 보라. 얼핏 디지털이 정보 교류의 주요 채널이 되고, AI가 인간을 대신해 답하고 분석하는 시대에 이토록 오프라인 행사가 각광받는 것이 의아할 수 있다. 하지만 오히려, 혹

순위	2022년 연관 행사명	언급량(회)	순위	2023년 연관 행사명	언급량(회)	순위	2024년 연관 행사명	언급량(회)
1	웨딩박람회	97,912	1	웨딩박람회	112,140	1	웨딩박람회	188,521
2	베이비페어	46,318	2	베이비페어	61,592	2	베이비페어	87,043
3	웨딩페어	6,522	3	순천만국제정원박람회	10,420	3	웨딩페어	20,898
4	궁디팡팡캣페스타	5,809	4	웨딩페어	10,244	4	서울리빙디자인페어	7,810
5	서울일러스트레이션페어	5,420	5	서울일러스트레이션페어	6,211	5	카페쇼	7,315
6	서울리빙디자인페어	4,379	6	궁디팡팡캣페스타	4,339	6	서울일러스트레이션페어	7,241
7	홈테이블데코페어	3,100	7	카페쇼	4,257	7	궁디팡팡캣페스타	6,997
8	카페쇼	3,017	8	서울리빙디자인페어	4,213	8	불교박람회	6,178
9	취업박람회	2,421	9	취업박람회	3,550	9	취업박람회	4,894
10	경향하우징페어	2,401	10	홈테이블데코페어	2,691	10	국제주류박람회	2,783
11	비건페스타	2,345	11	비건페스타	2,345	11	서울디저트페어	2,761
12	순천만국제정원박람회	1,875	12	서울디저트페어	2,269	12	고양국제꽃박람회	2,144
13	케이펫페어	1,830	13	경향하우징페어	2,255	13	홈테이블데코페어	2,011
14	한국국제아트페어	1,621	14	고양국제꽃박람회	2,022	14	차문화대전	1,852
15	서울레코드페어	1,184	15	차문화대전	1,789	15	카페디저트페어	1,607

박람회 연관 행사 연도별 순위 변화

출처: 생활변화관측소

은 그렇기 때문에 실체를 가진 인간이 현장을 직접 방문해 또 다른 실체와 만나는 자리는 더 중요해졌다. 음식은 '직접 먹어본다'는, 디지털로는 대체할 수 없는 속성이 있다. 그렇기에 음식에 관련된 일을 하는 사람이라면 야구장과 더불어 박람회에도 반드시 달려가야 한다. 사람이 직접 맛보고 경험하는 음식을 디지털로 대체하기는 아직 요원해 보이기 때문이다.

호텔 뷔페: 가성비 있는 럭셔리

2022년에는 소비의 양극단에 주목했다. 통신사의 6만 원짜리 무제한 요금제는 아까워 알뜰 요금제로 바꾸면서도, 6만

4,000원짜리 신라호텔 망고빙수는 웨이팅을 해서라도 먹는 소비의 모순 말이다. 호텔은 2010년대 이후 일상 속으로 들어온 최고의 럭셔리다. 2012년 '호텔 놀이'라는 말이 등장했고, 2013년부터 '호캉스'라는 키워드의 사용량이 본격적으로 상승했다. '호텔 놀이'는 사라졌지만, 호캉스는 10년을 훌쩍 넘어 여전히 살아 있는 키워드다. 휴가철마다, 명절마다, 크리스마스 때마다, 친구나 가족과 함께 혹은 혼자 호텔을 찾는 풍경은 이제 흔한 일이 되었다. 또 호텔 수건, 침구, 슬리퍼, 어메니티는 가정집 인테리어의 교본이 되었다. '안방', '화장실'보다 '침실'과 '욕실'이라는 표현이 자연스러워진 것 자체가 호텔의 영향이다.

오래된 호텔 뷔페는 2026년을 향해가는 지금에도 여전히 핫한 외식 공간이다. 연관 키워드를 보면 호텔 뷔페에서 주목받는 음식은 빵, 과일, 아이스크림, 초콜릿, 딸기, 쿠키, 요거트 등 디저트와 조식 뷔페 메뉴, 그리고 초밥이다. 변화가 있다면 '가성비 호텔 뷔페'가 새롭게 부상했다는 점이다. 평일 기준 10만 원 이하로 즐길 수 있으면서도 호텔 뷔페 형식을 갖춘 곳, 혹은 디저트 뷔페에 중점을 둔 호텔이 각광받는다.

그에 비해 코로나19 이후 크게 치솟았던 오마카세와 파인다이닝은 2024년 들어 언급량이 급격히 하락했다. 오마카세와 파인다이닝은 새로운 음식, 셰프의 안목과 지식, 웨이팅, 프리미엄과 희소성, 발견과 배움의 기쁨을 모두 충족시킨 럭셔리였지만, 접근성을 확보하지 못했다. 해외여행이 제한적일 때 럭셔리 외식에 쓰였던 예산은 엔데믹 이후 급격히 줄었고, 호텔 뷔페와 달리 오마카세와 파인다이닝은 저변을 확대하지 못했다. 유명 셰프를 보기 위해 어렵게 웨이팅해 한 번 방문은 했지만, 다시 갈 이유를 제공하지 못한 것이다. 친구와 갔다가, 부모님을 모시고 다시 가기는 엄두가 나지 않는다.

호캉스가 오래 살아남은 이유는 호캉스의 저변이 확대되었기 때문이다. 여느 것과 같이 트렌드에 발 빠른 2030 세대가 먼저 호캉스를 시작했지만 이는 가족으로 확대되었고, 크리스마스 같은 기념일에 가는 곳에서 명절에 휴식을 위해 가는 곳으로, 여름휴가에만 가는 곳에서 연휴가 생기면 가는 곳으로 확대되었다. 또 특급 호텔뿐 아니라 부티크 호텔, 관광 명소뿐 아니라 서울 도심에 있는 호텔 등 호캉스로 가는 호텔 역시 다양해졌다.

럭셔리 마케팅에서 주목해야 할 점은 저변이다. 상위 1%의 VIP만이 우리 고객이라 하더라도, 잊히지 않기 위해서는 더 많은 사람에게 가능성이 열려 있어야 한다. 값을 내리거나, 대중적이 된다거나, 적당한 선에서 타협하자는 것이 아니다. 더 많은 사람이 최고급 럭셔리를 즐길 준비가 되어 있다는 점을 고려해야 한다. 언제나 갈 수 있는 것은 아니지만 특별한 기념일, 특별한 여행, 특별한 계기는 언제나 있다. 누구나 VIP는 아니지만 누구에게나 VIT, 즉 매우 중요한 시간은 존재한다. 어떤 면에서는 가성비 있는 호텔 뷔페가 그렇지 않은 특급 호텔 뷔페를 마케팅해 주는 셈이다. 더 많은 사람이 호텔 뷔페를 경험할 수 있게 해줌으로서 특급 호텔 뷔페에 올 가능성을 높여주기 때문이다.

한식 뷔페, 한식의 외주화

호텔 뷔페와 뷔페라는 형식은 같지만 전혀 다른 방식으로 주목받는 곳이 있다. 바로 한식 뷔페다. 호텔 뷔페가 럭셔리의 대표 주자라면 한식 뷔페는 가성비의 대표 주자다. 호텔 뷔페에서 디저트와 초밥이 주목받는 반면 한식 뷔페에서 가장 인기 많은 주요 메뉴는 볶음 요리와 고기, 김치이고 최근 상승세인 메뉴는 잡채, 쌈, 비빔밥이다. 이러한 메뉴들은 모두 직접 요리하기에는 손이 많이 간다는 공통점이 있다. 호텔 뷔페가 특별한 날을 위한 식사라면 한식 뷔페는 평범한 날을 위한 집밥의 외주화다. 즉, 집에서 종종 해 먹지만 번거롭게 느껴지던 메뉴들을 밖에서 저렴하게 사 먹는 공간이 한식 뷔페다.

한식 뷔페는 2023년부터 언급량이 상승하기 시작해 2024년, 2025년 꾸준한 상승세를 보였다. 한식 뷔페는 세대 구분 없이 모두가 찾는 곳이기도 하다. 직장인은 직장 근처에서, 혼자 사는 사람은 집밥을 해결하기 위해, 기혼자는 늘 먹던 음식을 스스로 만들기 번거로워 동네 한식 뷔페를 찾는다. 한식 뷔페의 핵심은 상황이 아니라 메뉴에 있다. 한국 사람은 빈도로 치면 한식을 가장 많이 먹는다. 그럴 수밖에 없다, 하지만 한식은 기본적으로 요리하기가 어렵고 번거롭다. 그 간극을 한식 뷔페가 채워주고 있다. 급식 세대, 구내식당, 한식 뷔페, 모두 같은 맥락이다. 집밥을 직접 하는 것은 경제적으로나 시간적으로나 효율이 떨어지는데 한식 메뉴에 대한 니즈는 전 세대에 걸쳐 존재한다. 그런데 단체 급식의 품질이 올라가니 사람들은 외주화를 택하는 것이다. 그러므로 한식 뷔페는 앞으로도 유효한 식당의 형태가 될 것으로 보인다.

그렇다면 한때 주목받았던 외식 브랜드의 한식 뷔페들은 왜 실패한 걸까? 브랜드 한식 뷔페는 잠깐 동안은 새로움으로 주목받았지만 럭셔리와 가성비, 어느 축에도 끼지 못했기 때문이다. 1만 원 이하의 한식 뷔페는 동네마다 있어 찾기 쉽고 누구에게나 열려 있다. 집밥 메뉴를 먹을 수 있는 가장 효율적인 방법이다. 또 10만 원 이상의 호텔 뷔페는 특별한 날을 기념하기 위해 예약 후 방문하는 외식의 안전한 선택지다. 하지만 평균 2만 원 중반대를 지불해야 하는 한식 뷔페는 가성비라기엔 비싸고 럭셔리라기엔 부족한 애매한 선택지다. 애매함은 통하지 않는다. 사람들이 알지 못하던 것을 새롭게 소개하고 거기에 열광하던 '소개'의 시대는 저물고, 깊이의 시대가 도래했다. 외식 공간은 우리가 알지 못하던 것, 낯설고 새로운 것을 먹으러 가는 곳이 아니라 첫째 집밥 대체가 가능하거나, 둘째 럭셔리를 가성비 있게 즐길 수 있거나, 셋째 보는 것만큼 먹는 것이 중요한 놀이의 공간이 되어야 한다.

소통

#콘텐츠
#미디어_소통
#라이프스타일

소통 방식의 변화
방송의 변화
고령화 사회
브랜드와 캐릭터

소통 방식의 변화: 미친 켈로그, 16년 만에 진짜로 만들었다

 소개의 시대가 저물고 깊이의 시대가 온다. 2010년 중반부터 본격화된 소개의 시대에는 새로움 그 자체가 부상했다. 이제까지 한 번도 먹어보지 않았던 아보카도, 샤인머스캣, 리코타 치즈 등 주로 마켓컬리에서 소개되는 예쁜 식재료들은 낯설다는 것 자체가 가치였다. 디저트계에도 새로운 이름이 계속 부상했다. 휘낭시에, 에클레어, 크렘브륄레. 먹는 것뿐 아니라 집을 구성하는 요소들도 바뀌었다. 펜던트 조명과 앤트 체어 등의 아이템이나 루이스폴센 같은 브랜드, 킨포크 스타일, 프렌치 스타일, 북유럽 스타일 등의 인테리어 스타일은 이때까지 접하기 어려웠던 이름들이다. 어느새 새로운 것이 등장해 이전의 새로움을 갈아치웠다. 이러한 새로운 것들은 2010년대 중반부터 후반까지 계속 소개되었고, 2010년대 후반 코로나19를 거치며 취향은 성숙해지고 무르익었다.

드디어 그로부터 약 10년이 지나 2020년대 중반에 접어들었다. 소개의 시대에는 이것저것 한 번씩 해보는 '체험'이 중요했다. 반면 깊이의 시대에는 한층 더 깊어지는 '경험'이 중요하다. 2025년 상반기 리빙 트렌드에서 다룬 것들은 욕실의 변화다. 소개의 시대에 휘낭시에, 크렘브륄레 같은 완전히 새로운 디저트가 우리의 입맛을 사로잡고 펜던트 조명처럼 처음 보는 아이템이 유행했던 것과 달리 욕실에 변화를 가져온 아이템들은 우리에게 너무나 익숙한 것들이다. 일상에서 당연하듯 사용하는 치약, 칫솔, 헤어드라이어가 예뻐지고, 고급스러워진다. 집들이 선물로 수건이 부상했다. 이전에는 어딘가 잔칫집이나 행사에서 받은 걸 아무렇지도 않게 사용하던 수건이, 이제는 브랜드를 따지고 선물할 수 있는 아이템이 된 것이다. 지금은 모두가 알던 그 아이템을 다시 돌아보는 시대, 이벤트성이 아니라 일상성이 주목받는 시대다.

유쾌하고 진정성 있는 소통은 오랫동안 기억된다

깊이의 시대에는 오래된 기업의 오래된 브랜드가 다시 주목받을 가능성이 높다. 오래된 회사가 활용할 수 있는 자산은 역사다. 소비자와 함께해 온 역사, 몇 십 년을 이어온 롱텀long term 스토리는 누구나 가질 수 있는 것이 아니다. 이를 활용하고 있는 브랜드 중 하나가 농심의 켈로그다.

지금의 이야기를 하기 위해서는 먼저 2004년으로 거슬러 올라가야 한다. 2004년 12월, 켈로그는 자사의 시리얼인 첵스 초코를 홍보하기 위해 '첵스 초코 나라 대통령 선거 이벤트'를 펼쳤다.

"새로운 켈로그 첵스 초코 나라의 대통령을 뽑아주세요! 기호 1번 체키, 기호 2번 차카."

켈로그는 12월 1일부터 31일까지 더 많은 표를 얻은 쪽의 첵스를 생산한다고 밝히고 참여자에게 다양한 경품을 제공했다. '체키'는 밀크초코맛, '차카'는 파맛. 누가 봐도 차카는 악역이었다. 의도대로라면 체키가 이기게 되어 있는 상황이고, 실제로 투표 초반만 해도 체키가 이기는 구도였다. 반전은 '웃긴대학'이라는 한 웹사이트의 유저들이 개입하며 시작되었다. 이 사이트의 유저들이 투표에 대거 참여해, 차카에게 몰표를 줘서 차카가 이길 수 있는 상황을 만든 것이다. 기사와 공식 홈페이지에 따르면 204명이 무려 47,339표를 행사했다고 설명했다(체키 4,620표, 차카 42,719표). 켈로그에서는 무효표를 걸러내고, 예정에 없던 ARS 전화 투표와 롯데월드 현장 투표를 진행해 겨우 겨우 승리를 체키의 것으로 만들 수 있었다.

'파맛 첵스'에 대한 누리꾼들의 관심은 뜨거웠다. 일반인은 동영상을 만들기가 어렵던 시절임에도 직접 파맛 첵스를 만들어봤다는 UCC가 업로드되었고, 대파를 첵스 초코 사이즈로 썰어 우유에 말아 먹고 탈이 났다는 웃지 못할 이야기도 인터넷에 올라왔다. 이 사건을 계기로 차카를 마치 민주주의의 투사처럼 추대하는 누리꾼들의 밈이 생겨나 컬트적 인기를 끌기도 했다.

켈로그 첵스 초코맛 이벤트 후보자 선거 포스터

 여기서 끝이 아니다. 또 한 번의 반전은 투표 이벤트로부터 16년이 지난 2020년 7월, 농심 켈로그에서 실제로 파맛 첵스를 출시한 것이다. 파맛 첵스의 출시 광고 영상에서는 트로트 가수 태진아가 자신의 곡 '미안 미안해'를 개사해 '(파맛 첵스를) 너무 늦게 출시해서 미안하다'는 내용의 노래를 불렀다. 2019년 초 엠앤엠즈M&M's에서 투표를 통해 코코넛맛, 할라피뇨맛, 토피맛 가운데 하나를 초콜릿으로 출시하기로 하자 첵스 초코 사건이 떠오른다는 반응이 나오는 등, 일부 누리꾼들이 잊을 만하면 파맛 첵스 사건을 화두에 올리기는 했으나 파맛 첵스가 나오지 않는다고 항의할 사람은 아무도 없던 때였다.

 첵스 초코 투표 이벤트와 파맛 첵스 출시 사이 16년이란 시간 동안 인터넷과 디지털, SNS는 폭발적으로 성장했다. 이미

인터넷 세계와 우리가 발을 딛고 살아가는 현실 세계를 따로 분리할 수 없게 된 때였다. 인터넷 사용자를 지칭하는 '누리꾼', '네티즌'이란 말 자체가 무색하게, 모두가 손에 휴대폰을 쥐고 하루 종일 인터넷을 하는 시대였다. 즉, '차카'가 그려진 파맛 첵스가 출시된다면 화제가 될 가능성이 훨씬 높아진 것이다.

그렇게 파맛 첵스는 세상에 나왔고, 16년 만에 발매된 파맛 첵스를 두고 사람들은 '민주주의의 승리'라며 즐거워했다. 파맛 첵스를 이용한 마케팅은 여러 언론으로부터 긍정적인 평을 받기도 했다. 실제로 2020년 11월 12일, 농심 켈로그는 파맛 첵스를 통해 구글에서 주최한 '2020 유튜브웍스어워드'에서 '베스트 유튜브 신규 브랜드 론칭' 부문을 수상했다. 발매 당시 파맛 첵스는 줄을 서서 사 먹어야 할 정도로 인기를 끌었다. 필자도 여러 마트를 돌아다닌 끝에 겨우 하나를 구해 먹어봤다. 특출나게 맛있는 건 아니지만, 이 재미있는 역사에 동참하고 싶었기 때문이다. 현재 파맛 첵스는 유통되지 않는다. 하지만 반전에 반전을 거듭한 켈로그와 소비자 사이의 히스토리는 사람들 사이에 유쾌하게 남아 있다.

브랜드가 응답하고, 소비자가 화답하는 선순환

브랜드에서 소비자를 향해 일방향으로 널리 알리는 광고의 시대가 아니라, 브랜드와 소비자가 캐치볼을 하듯 이야기를 주고받는 소통의 시대다. SNS 시대는 달리 말하면 '모두가 미디어를 갖고 있는 시대'라고도 할 수 있다. 소비자가 보유한 미디어를 통해 브랜드의 이야기가 퍼져 나가야 한다. 브랜드의 이야기를 소비자가 퍼 나르듯, 브랜드도 소비자의 이야기에 반응을 보여야 한다. 브랜드가 전달해야 하는 것은 '나(브랜드)는 너(소비자)를 보고 있다', '나(브랜드)는 지난날 네(소비자)가 무엇을 했는지 알고 있다'는 메시지다.

이를테면 SNS 인기 레시피로 화제가 된 이후 오뚜기에서 실제 제품으로도 출시한 '크림진짬뽕', 그리고 사람들이 라면에 후추를 넣어 먹는 것에 착안해 출시한 '순후추 라면'을 예로 들 수 있다. 물론 앞에서도 말했듯이 반드시 제품으로 출시하는 등 적극적인 반응을 보여야만 소통이 되는 건 아니다. 소비자의 반응을 지켜보고 있음을 알리는 게 중요하다. 중요한 것은 소비자들의 행보를 알고 있다는 걸 알리고, 그들의 행보에 브랜드가 반응을 보내는 것이다. 라면은 특히나 소비자의 레시피가 무궁무진하게 피어나는 영역이기에 브랜드의 반응이 레시피를 더욱 뜨겁게 만들기도, 오히려 시들하게 만들기도 한다.

소비자의 행보를 알고 있다고 신호를 보내는 방법으로 제품 출시, 프로모션 진행 외에 더 직접적인 방법은 자사 채널을 통해 답변하는 것이다. 매일유업은 소비자가 대신 마케팅을 해주는 것으로 유명한데, 그만큼 유명한 것이 브랜드가 소비자의 SNS에 직접 반응한다는 사실이다. 한 X 유저가 매일유업의 '소화가 잘되는 우유 단백질'이 외계인을 잡아와 만들었다는 귀여운 의혹을 제기했다. '락토프리에 지방 함량도 낮은데 단백질 함량은 높고 맛있기까지 하니 놀랍다. 외계인이 만들지 않는 한

소비자와 주거니 받거니 댓글 놀이를 하는 매일유업

이런 우유가 나올 수 없다'며 위트 있는 칭찬을 한 것이다.

이 트윗은 그 자체로 크게 화제가 되지는 않았지만, 매일유업 공식 계정이 이 트윗에 반응을 보이면서 바이럴되었다. 매일유업 공식 계정은 이 트윗을 인용해 "금일 당사의 '소화가 잘 되는 우유 단백질'에 대해 제기된 의혹에 대해 해명합니다. 외계인 납치 X, 고문 X, 협박 X, 유당 분해 특허 O, 연구원의 야근…… △ 이상입니다. 감사합니다"라는 유머러스한 글로 소비자에게 응답했다. 의혹 아닌 의혹 제기와 해명 아닌 해명을 바라본 소비자들은 '연구원의 야근은 세모'라는 말을 보며 연구원을 너무 혹사시키는 것 아니냐며 되물었고, 매일유업 공식 계정은 또 이에 '저희 연구원(외계인 아님)의 워라밸을 걱정해 주셔서 감사하다'며 '월 2회 패밀리데이 O, 시차 출퇴근 O, 리프레시 휴가 O, PC off제 O, 기타 등등 워라밸을 위한 복지가 있는 매일유업 인턴 채용에도 많은 관심 부탁드린다'라는 말을 덧붙여 매일유업 자랑과 홍보까지 놓치지 않았다.

AI 시대, 인간성이 경쟁력이 된다

매일유업의 공식 계정 뒤에는 사람이 있다. 매일유업 공식 계정 운영자가 얼굴을 보이지는 않았지만, 사람들은 공식 계정과 댓글 놀이를 하며 매일유업이라는 브랜드를 사람으로 느끼게 된다. 사람에게는 누구나 성격이 있고, 그에 따른 말투가 있으며 타인에게 반응한다. 그래서 브랜드들은 소비자들이 SNS 계정에도 인간성을 느낄 수 있도록 소비자들의 행보를 지켜보며 적절하게 반응해야 하는 것이다.

단, 전제 조건은 사람들이 브랜드에 대해 말할 거리가 있어야 한다는 것이다. 브랜드와 관련된 얘기들이 사람들에게 언급되지 않는다면 브랜드 건강도를 고민해 봐야 한다. 그러니 브랜드의 첫째 과제는 관심 받기이며 그다음 과제는 반응하기, 마지막으로는 '같이 놀기'가 되겠다. 반응을 보내는 방법이 반드시 공식 계정의 긴 글일 필요는 없다. 예를 들어 화장품 브랜드 닥

터자르트는 자사 제품을 언급하는 SNS 계정을 찾아가 공식 계정으로 하트 댓글을 단다. 하트의 색은 노랑, 초록, 분홍으로, 자사의 주요 제품 색상이다. 소비자가 언급한 제품에 맞는 색깔을 선택해 하트를 다는 것이다. 소통의 시대, 공식 계정의 역할이 중요해졌다. 공식 계정은 사회성을 탑재한 '인간'이 되어야 한다. AI 시대에 가장 좋은 브랜딩 요소는 '인간성'이다.

방송의 변화:
그녀의 라이프를 담은 오이 김밥

 '음식'은 누구도 피할 수 없는 생존 수단이자 콘텐츠의 재료다. 그리고 도전 콘텐츠의 재료이기도 하다. 2012년 출시된 불닭볶음면은 2014년 해외 유튜브를 통한 '불닭 매운라면 챌린지fire noodle challenge' 열풍을 계기로 글로벌 히트 상품이 되었고, 지금은 삼양식품의 핵심 브랜드이자 대표적인 K-food로 자리 잡았다. 한국에서도 2014년부터 매운맛 열풍이 불었다. 그저 맛이 있고 없고를 평가하는 걸 넘어서 '이렇게 매운 거 먹을 줄 알아?', '한 번에 매운 라면을 다섯 개까지 먹을 수 있다' 같은 도전 콘텐츠의 도구로 매운맛 라면이 급부상한 것이다.

 음식은 경쟁을 다루는 콘텐츠에서도 주효한 소재다. 넷플릭스 한국 오리지널 콘텐츠 《흑백요리사》는 공개 2주 만에 인지도 82%, 시청 경험률 52%[4]를 기록하며 국내 OTT 예능 중 역대

[4] "'흑백요리사 봤어?' 입소문에... OTT 가입자 절반 이상 시청", 한국경제TV, 2024.10.16.

최고 수준의 성과를 냈다.

《흑백요리사》는 음식이 내포한 콘텐츠성을 모두 담고 있다. 그렇다면 음식이 내포한 콘텐츠성은 무엇일까? 첫째, 요리는 단시간 안에 성과가 나온다. 아무것도 없던 빈 접시에 결과물이 나오는 과정을 지켜볼 수 있다. 다시 말하면 비포-애프터가 확실하다. 《피지컬: 100》이 아무리 리얼한 방송을 찍는다고 해도 근육이 만들어지는 과정을 방송 스튜디오에서 확인할 수는 없지만, 요리는 그 과정을 카메라에 고스란히 담을 수 있다. 《흑백요리사》는 제한 시간 안에 빈 접시에서 화려한 요리가 탄생하는 모습을 보여주며 이를 극대화했다.

둘째, 요리의 결과물은 비주얼이 예쁘다. 요리의 색감, 모양, 구도, 음식의 시각적 창의성은 무궁무진하며, 얼마나 예쁘고 입맛을 당기게 하는 비주얼인지가 시청자의 눈길을 단번에 사로잡는다. 실제로 4K 카메라가 처음으로 사용된 곳은 홈쇼핑의 먹거리 판매 방송이었다. 《흑백요리사》 역시 셰프들의 뛰어난 플레이팅을 여러 각도에서 담아내며 비주얼에 심혈을 기울였다.

셋째, 음식은 계급성을 지니고 있다. 프랑스의 사회학자 부르디외는 사람들이 어떤 음식을 먹고 어떤 취향을 가지는지가 단순한 개인의 기호가 아니라 사회적 지위를 드러내는 신호라고 설명했다. 다시 말해 음식은 생존을 위한 섭취를 넘어, 자신이 어떤 계층에 속해 있는지를 보여주는 하나의 상징이 된다는 것이다. 예컨대 누군가는 한 끼 식사를 해결하기도 어려운 반면 누군가는 유기농 채소와 와인을 곁들인 저녁을 일상처럼 즐긴다. 바로 이 지점에서 음식은 계급적 성격을 갖게 된다.《흑백요리사》도 셰프의 계급을 나눔으로써 음식의 계급성을 표현했다.

넷째, 하지만 이 음식의 계급성은 극복이 가능하다.《흑백요리사》는 처음에 백수저 요리사는 이름으로 호명하지만 흑수저 요리사는 오직 닉네임으로만 부르는 방식을 통해 불편함을 자아냈다. 하지만 프로그램이 진행되며 흑수저 요리사라도 백수저 요리사를 이길 수 있음을 보여주며 통쾌함을 자아냈고, 흑수저 요리사들의 이름과 스토리가 백수저보다 오히려 더 주목을 받기도 했다. 그러면서 '지금 흑수저라고 해서 영원히 흑수저가 아니며, 앞으로 얼마든지 백수저 요리사로 올라설 수 있다'는 메시지를 전해주었다. 또한 평소 어떤 음식을 먹으며 음식에 대해 얼마나 풍부한 지식을 갖고 있는지는 계급성을 내포하고 있지만, 아무리 비싼 음식이라도 한 번은 먹어볼 수 있다. 호텔 뷔페나 디저트, 오마카세의 대중화를 생각해 보면 음식의 계급성은 비교적 쉽게 넘어갈 수 있는 것이다.

다섯째, 음식은 휴머니티를 갖고 있다. 음식에 대한 경험, 추억, 향수는 모두가 있다.《흑백요리사》에서도 그토록 깐깐한 안성재 셰프조차 '급식 대가' 앞에서는 어렸을 때의 추억이 떠올라 공정한 심사를 할 수 없다고 말한다. 그만큼 음식은 우리에게 향수를 자극하는 메타포다.

단시간 안에 끝나는 프로세스와 예쁜 비주얼, 계급성이라는 자극적인 요소가 있지만 이는 극복이 가능하다는 점, 또 추억과 향수로 모두의 공감을 살 수 있다는 점. 이러한 이유 덕분에 음식에 관련된 방송은 꾸준히 만들어지며 늘 인기를 끈다.

도전과 경연에서, 이제는 '잘 먹고 잘사는 법'으로

'이런 것도 먹을 줄 안다, 이렇게 많이 먹을 수 있다'는 도전의 먹방과 '짧은 시간 안에 한정된 재료를 갖고 누가 창의적으로 요리를 하는가'를 다루는 경연의 쿡방을 거쳐, 이제는 잘 먹고 잘사는 삶의 지표로서 음식을 다루는 방송, 즉 라이프스타일 브이로그가 주목받는다. 잘 먹고 잘사는 법과 관련된 음식 콘텐츠의 주제 중 하나는 도시락 싸기다. 크리에이터들은 건강하고도 저렴하게, 또 간단하지만 야무지게, 적당히 푸짐하되 예쁘게 도시락을 싸는 모습을 통해 시청자들에게 안정감을 주고, 실제로 도시락을 싸 다니는 사람들에게 아이디어도 공유한다. 초간단 직장인 도시락, 일본에 사는 한국 학부모의 초등학생 도시락, 한 달 10만 원으로 남편 도시락 싸기, 여름철 도시락 메뉴 추천 등 도시락 관련 콘텐츠는 타깃과 상황, 나라, 예산, 계절에 따라 다양하게 변주된다.

콘텐츠로서 도시락의 가치는 명확하다. 《흑백요리사》에 있었던 단시간에 완성되는 프로세스와 예쁜 비주얼은 공통적으로 존재하되, 《흑백요리사》와는 다른 효율과 안정감을 제공한다.

'○○ 도시락'과 연관된 키워드의 언급량 변화를 살펴보면, 상위권에는 '집밥 도시락', '직장인 점심 도시락', '직장인 도시락', '회사 도시락'이 자리하고 있다. 이전에는 '남편 도시락', '신

순위	연관어	언급량	평균 증감률
1	집밥도시락	357	24.6%
2	직장인점심도시락	477	14.5%
3	직장인도시락	2,666	12.7%
4	회사도시락	574	11.0%
5	피크닉도시락	692	9.5%
6	배달도시락	2,595	6.9%
7	아이도시락	525	6.6%
8	식단도시락	365	2.9%
9	과일도시락	1,337	2.8%
10	매일도시락	630	-0.3%
11	편의점도시락	3,444	-0.3%
12	남편도시락	3,816	-1.1%
13	샐러드도시락	1,160	-1.5%
14	아들도시락	375	-1.9%
15	건강도시락	373	-2.5%
16	다이어트도시락	3,749	-4.0%
17	신랑도시락	605	-5.1%
18	소풍도시락	2,711	-6.0%
19	냉동도시락	729	-12.8%
20	남편점심도시락	361	-14.1%

출처: 앙트러커뮤니케이션즈

'○○ 도시락' 연관어 관련 평균 증감률 순위, 2022년 1월~2025년 8월 기준

랑 도시락'처럼 가족을 위한 도시락의 비중이 높았다면 최근에는 직장인이 자신을 위해 직접 준비해서 가는 키워드들이 두드러진다. 반면 간편함에 치중한 '냉동 도시락'이나 목적에 중심을 둔 '다이어트 도시락'은 하락세를 보인다.

도시락이 단순히 한 끼를 때우는 수단이 아니라 일상 속에서 균형 잡힌 식사와 작은 휴식을 위한 방식으로, 다시 말해 잘 먹고 잘사는 방법으로 기능하고 있음을 보여준다.

잘 먹고 잘사는 법으로서 음식 관련 방송 콘텐츠는 점차 솔직해지고 있다. 깜짝 놀라게 하기보다는 안정을 주고, 그럴싸한 모습만 보여주는 게 아니라 실질적인 도움을 준다. 먹방에서도

무리해서 먹기보다는 '여기까지 먹을게요', '이건 맛이 없으니 안 먹을게요'라는 말로 솔직하게 소통한다.

'잘 먹고 잘사는' 라이프스타일의 제안, 연예인 브이로그

잘 먹고 잘사는 법과 관련된 또 다른 주제는 연예인 유튜브의 브이로그다. 연예인 유튜브도 솔직하지 않을 수 없다. 이들은 음식을 통해 라이프스타일 그 자체를 보여준다. 그녀 혹은 그가 무엇을 먹는지, 주방이 어떻게 생겼는지, 요리를 얼마나 하는지, 어떻게 해 먹는지 그대로 보여주고 자신의 노하우를 공유한다. 이를 보여주는 대표적인 연예인 유튜브 채널은 '안녕하세요 최화정이에요'다. 콘텐츠마다 100만 회가 넘는 조회 수를

'안녕하세요 최화정이에요' 채널의 조회 수 톱 3 콘텐츠

기록하고 있지만 그중 조회 수가 가장 높은 톱 3는 모두 음식과 관련된 콘텐츠다. 1위 최화정 볶음김치(419만 회), 2위 최화정 부엌 최초 공개(+오이 김밥)(253만 회), 3회 최화정 여름 국수(247만 회). 여기서 다루고 있는 식품은 갑자기 협찬받은 제품도, 이제까지 들어보지 못한 생소하고 새로운 아이템도 아니다. 김치, 오이, 국수는 너무 평범해서 오히려 관심을 받는 것이 낯선 것들이다.

우리는 지금 2030 시절 화려했던 연예인들이 5060이 되어 살아가는 모습을 처음으로 목격하고 있다. 이제까지도 나이 든 연예인은 있었지만, 이들의 일상생활을 볼 수는 없었다. 하지만 유튜브라는 채널이 등장하고 각광받으며 나이 든 연예인들도 자신들의 솔직한 일상을 하나둘 공개하고 있는 추세다. 최화정, 선우용여, 추성훈 채널의 관심도가 특히 높다.

각 인물에 대한 월별 언급량 추이를 살피면 최화정은 2024년 7월에 정점을, 추성훈은 2025년 3월에, 선우용여는 2025년 5월에 정점을 찍는데, 각각의 정점은 2024년도 1월 대비 각각 12.7배, 4.6배, 50.6배 상승한 추이다.

사람들은 비교적 긴 삶을 잘 살아온 이들 셀럽으로부터 삶을 배우며 다시 나의 긴 삶을 준비한다. 우리는 모두 나이가 들어도 건강하게 사는 모습, 나이 들어도 나를 위해서 사는 모습, 풍요롭게 살아가는 모습을 꿈꾼다. 그리고 이를 실천하고 있는 셀럽들의 일상을 엿보며 '나도 그렇게 살 수 있다'는 기대감을 품게 되는 것이다. 셀럽들의 삶은 다양성도 갖추고 있다. 결혼

'추성훈', '선우용여', '최화정' 월별 언급 추이[5]

해서 행복한 가정을 일군 삶, 결혼하지 않았지만 즐거운 삶……. 혼자 살아도 에너지 넘치는, 뻔하지 않은 셀럽들의 삶을 보며 사람들은 각자의 미래를 새로이 그려보고 있다.

> "내가 늙어도 저렇게 살고 싶어. 에너지 넘치는 사람들이 맨날 찾아오고, 대접할 수 있는 여유가 있고. 긍정 에너지 장난 아냐, 명랑 그 자체."
>
> "60대의 한 여성이 이렇게 경제적으로도 정서적으로도 풍요롭게 자신의 삶을 잘 꾸려나가는 모습……. 너무 보고 싶은 우리의 미래예요."

---

[5] "추성훈과 선우용여, 지금 사람들이 선망하는 라이프에 대하여", 생활변화관측소 멤버십 주간 관측지.

지금 롤모델의 속성은 성공, 성취가 아니라 '이렇게 늙어갈 수 있구나'를 제안하는 사람이다.

앞으로의 인플루언서는 누가 될 수 있을까? 지금의 인플루언서가 라이프스타일로서의 음식을 보여주는 사람이라면, 다음 인플루언서는 음식 분야의 대가인 영양사가 될 가능성이 높다. 영양사는 자신만을 위해 잘 먹고 잘사는 것이 아니라 모두를 먹여 살리는 사람이다. 많은 사람의 입맛을 동시에 만족시키며, 요리 스킬도 뛰어나고 아이디어도 풍부하다. 앞서 이야기했듯 단체식의 식재료 품질과 메뉴의 수준이 고급화되었다. 단체식은 이제 '적당히 타협한 식사'가 아니라 '선택을 대신해 주는 만족스러운 식사'다. 그뿐만 아니라 지금 세대는 급식에 익숙하다. 단체를 위해 만들어진 음식을 먹고 자란 세대다. 넓은 저변, 오랜 경험이 더해진 영양사는 생존이자 콘텐츠로서의 음식 분야에서 새롭게 부상할 인플루언서 후보다. 유명 인플루언서 영양사의 급식을 먹기 위해 사람들이 줄 서 있는 식당이 보이면 다시 이 책을 펼쳐보기 바란다.

브랜드와 캐릭터:
빙그레우스, 세계관이 뭐예요?

"옛날 옛날에 빙그레 왕국이 있었습니다. 왕국의 황제 '빙그레우스 더 마시스'는 메로나 지휘봉을 들고 바나나맛우유 왕관을 쓰고 어깨에 투게더 문양 목걸이를 차고 있으며, 성격은 B급 허세와 유머로 가득 차 있었습니다. 빙그레 왕국에는 황제 외에도 왕국의 행정관인 '투게더리고리경', 빙그레우스의 호위기사 겸 대신 '더위사냥', 왕국 내 쌍둥이 신, '엑설런트 바닐라&프렌치바닐라'도 살고 있었습니다. 빙그레우스 더 마시스 황제는 왕립 학교를 세워 새로운 신입생을 받아 왕국의 인재를 양성했습니다. 그중 '뽕따 에이스'는 가장 우수한 성적으로 졸업하며 실력으로 왕국에 입성한 새로운 피였습니다."

빙그레 왕국, 실화인가요?
2019년 인스타그램에서 '빙그레우스 더 마시스'라는 이름으

빙그레의 캐릭터인 빙그레우스 더 마시스. 중세풍과 B급 유머를 합친 세계관을 담고 있다.

로 시작한 빙그레 왕국 세계관은 빙그레의 다양한 제품들을 의인화해 왕국 세계관 속에 포지셔닝시켰다. 대한민국 브랜드 중 가장 본격적인 세계관을 구축한 사례로, 전에도 없었고 앞으로도 쉽게 나오기 어려울 것이다. 위의 짧은 요약에서 볼 수 있듯이 빙그레우스는 빙그레라는 브랜드를, 왕국의 각 캐릭터는 빙그레 제품을 본 딴 것이다. 제품의 특징과 이름, 나온 시기를 고려해 캐릭터화하는 섬세함도 더했다. 50년의 역사를 지닌 투게더(1974년 출시)는 가장 안정적이고 오래된 참모 역할을, 비교적 신제품에 해당하는 뽕따(1994년 출시)는 왕국 신입생이자 젊은 피 역할을 맡았다.

제품 특징을 반영한 캐릭터도 있다. 팥이 들어간 막대 아이스크림 비비빅은 '비비빅 단호박 경'이란 이름으로 튼튼한 장정 스타일로 구수하게 표현한 반면, 부드러운 프리미엄 아이스크림으로 시작한 엑설런트에는 고급스러운 이미지와 신적인 특징을 더했다. 빙그레에서 의도한 것은 아니지만 팬들에 의해 덧붙여진 해석도 있다. 엑설런트 아이스크림 쌍둥이 캐릭터는 신적인 존재로 함께 다니며 서로 강한 유대감을 보여주는 설정이었는데, 일부 팬들이 이를 B 코드(동성애적 관계 암시)로 해석하기도 했다. 뽕따의 경우도 공식적인 이름은 '뽕따 에이스'인데, 팬들은 '뽕따 알폰스', '알폰스 뽕따 경'이라는 별칭으로 부르며 '뽕하고 따서 먹는 아이스크림'이란 뜻에서 유래한 유머러스한 이름에 중세풍 이름인 '알폰스'와 귀족에게 붙이는 '경'이란 호칭을 붙여 아이러니한 조합을 즐기기도 했다.

2019년에 시작한 세계관은 빙그레 제품들로 캐릭터를 하나둘씩 합류시키며 시리즈를 이어갔고, 2021년 이후 왕립 학교 설정을 도입해 신제품 캐릭터들을 합류시키는 식으로 세계관을 확장했다. 2023년 '빙그레 메2커를 위하여' 광고는 뮤지컬 형식의 애니메이션으로 제작돼 유튜브에서 100만 회 이상의 폭발적인 조회 수를 기록했고, 광고상도 수상했다. 2025년 1월 더현대에서 진행한 빙그레 팝업 역시 이 세계관의 연장선으로, 빙그레우스가 국민들의 소원을 들어주는 '소원 왕국' 콘셉트로 진행되었다.

빙그레우스 세계관은 제품 매출을 늘리는 마케팅 활동이라기보다는 브랜딩 활동이다. B급 유머와 만화풍 세계관으로, 빙그레는 기존의 올드한 이미지를 탈피해 젊은 소비자에게 새롭고 친밀한 브랜드로 다가갈 수 있었다. 그리고 이 설정과 캐릭터는 한 번의 활동으로 그치는 게 아니라 해를 거듭해도 계속 진행할 수 있다는 특징을 지니고 있다. 빙그레 왕국은 빙그레의 오래된 제품, 신제품, 가치관을 소비자에게 계속 전달할 수 있는 메신저가 된다. 빙그레 왕국에 캐릭터를 등장시키는 것은 단순히 신제품을 출시하고 홍보하는 것보다 더 소비자의 눈길을 끌 수 있다. 캐릭터는 돈을 내라고 말하는 상품이 아니라 스토리이기 때문이다. 캐릭터는 소비자와 직접 대화하고, 소비자는 팬덤을 형성한다. 팬들은 빙그레 세계관 톤으로 대화하고 캐릭터에 대한 해석을 더하면서 세계관 형성에 참여한다. 소셜 미디어 시대에는 소비자와 쌍방향 소통을 해야 한다고 다들 교과서처럼 말하지만, 실제로 소비자와 이야기를 주고받을 수 있는 기회는 적다. 빙그레는 이를 가장 잘 활용하고 있는 기업 중 하나다. 빙그레우스 세계관을 모르는 사람은 있어도, 알고 나서 아무 반응도 하지 않는 사람은 아마 없을 것이다.

오뚜기 옐로우즈, 3인조 아이돌인가요?

오뚜기는 오뚜기를 대표하지만, 오뚜기라는 회사 그 자체는 아닌 대표 얼굴이 필요했다. 오뚜기는 마더 브랜드 전략을 펴는 대표적인 회사로, 서브 브랜드의 독립성보다 오뚜기라는 큰 브랜드 안에 속해 있는 구조를 띤다. 굿즈 마케팅의 시작이라는 시대 상황과 맞물리면서 회사 브랜드 자체의 소통이 필요해졌지만 오뚜기라는 회사는 너무 크고, 그만큼 리스크도 컸다. 일단 오뚜기 로고는 얼굴 모양을 하고 있지만 캐릭터라기보다는 심볼 마크에 가까웠다.

2022년, 오뚜기는 오뚜기와 직관적으로 연결되면서 귀여운 디자인까지 갖춘 '옐로우즈Yellows'라는 공식 캐릭터 브랜드를 공개했다. '뚜기', '마요', '챠비'로 구성된 '옐로우즈'는 오뚜기 제품을 연상시키지만 제품 그 자체는 아니다. 중심인물 '뚜기'는 빨간 곱슬머리 아이로 굳이 따지자면 남자 아이 같지만 너무 남성적이지 않게 디자인했다. 길잡이 역할을 하는 강아지 캐릭터 '마요'는 오뚜기 대표 제품인 마요네스를 모티브로 만들어졌고, 병아리 캐릭터인 '챠비'는 케찹을 모티브로 만들어졌다. 챠비에게는 '대식가'라는 특징도 더했다. 옐로우즈의 생일은 오뚜기를 연상시키는 '8'에서 따와 8월 8일이다.

그럼 가장 중요한 콘셉트는 무엇일까? 옐로우즈는 '맛있는 것을 좋아하는 아이들', '맛있는 것만 있으면 행복한 아이들'로, 맛있는 것을 찾아 셋이 함께 모험을 다닌다. 어떤 어렵고 힘든 상황도 긍정적인 기운으로 극복해서 맛있는 행복을 즐길 수 있다는 메시지를 담은 옐로우즈의 '해피냠냠송'은 국내외 음원 스트리밍 플랫폼을 통해 정식 음원으로 공개되기도 했다. 옐로우즈가 전하고자 한 '초월 긍정' 메시지는 다양한 온오프라인 활동을 통해 널리 뻗어나가며 많은 대중에게 위로와 힘을 건넸다. 오뚜기 개별 제품이 캐릭터로 등장하거나 모험 이야기가 세세하게 펼쳐지지 않고, 캐릭터를 대대적으로 홍보하기 위해 제품

오뚜기의 공식 캐릭터 브랜드인 옐로우즈의 뚜기, 마요, 챠비

패키지마다 넣지도 않는다. 현재 캐릭터는 어린이 카레와 뿌셔뿌셔 등 일부의 패키지에만 사용하고 있다. 오뚜기가 전개하는 캐릭터 마케팅의 핵심은 오뚜기를 연상시키는 것, 그리고 오뚜기가 전달하고자 하는 '맛있게, 행복하게'를 직관적으로 보여주는 것, 소소한 작은 행복과 이격이 없는 친근함을 전달하는 것이다.

오뚜기와 옐로우즈 캐릭터를 보고 있으면 소속사에서 자사 소속 아이돌의 자체 콘텐츠('자컨')를 만들어 팬들과 공유하는 느낌이 든다. 2024년에 이어 2025년에도 문을 연 팝업스토어 '해피냠냠 라면가게'는 오뚜기 대표 라면을 활용한 특별 레시피의 맛을 즐길 수 있는데, 특히 눈에 띄는 것은 소비자를 반갑게 맞

해피냠냠 라면가게 팝업 현장

아주는 옐로우즈 캐릭터들이다. 이 공간을 찾은 이들은 옐로우즈와 자유롭게 인증 사진을 남긴다. 옐로우즈 공식 SNS에서 소비자들은 캐릭터 기반의 콘텐츠와 굿즈 소식을 기다리며 댓글로 소통한다. 자컨에서 중요한 것은 무엇보다도 아이돌에 대한 소속사 직원들의 애정이다. 자컨은 소속사에서 아이돌을 잘 이해하고 있고, 아이돌을 애정하기에 이런 콘텐츠를 만들고 팬과 공유한다는 메시지다. 그래서 잘 만들어진 자컨은 만든 이(소속사)와 노는 이(아이돌)가 어색하지 않다. 서로가 서로를 잘 이해하고 있고 서로에게 도움이 되는 일을 하고 있는 것이다.

　브랜드 캐릭터는 무형의 자산이다. 회사 홍보, 마케팅 효과, 브랜딩 효과, IP 사업으로의 확대 가능성을 지니고 있지만 냉정하게 말하면 '가능성을 안고' 있는 것이지 '가능성의 실현'이 담보되는 것은 아니다. 그럼에도 브랜드 캐릭터에서 확실히 느낄 수 있는 것은, 캐릭터를 만든 이들의 브랜드에 대한 애정이다. 브랜드에 대한 애정과 이해가 높은 직원이 없었다면 빙그레 세계관은 나올 수 없었을 것이다. 물론 광고 회사와 함께 만들었지만, 이를 위해 빙그레의 직원들은 수없이 광고 회사와 사내 의사결정권자 사이를 오가며 심혈을 기울였을 것이다.

오뚜기도 마찬가지다. 오뚜기 캐릭터를 만든 오뚜기 BX실 직원과 인터뷰할 기회가 있었다. 뚜기, 마요, 챠비의 이름을 꺼낼 때부터 애정이 남달랐다. 세계관을 너무 깊게 하지 않으면서도 '인류 식생활 향상에 이바지한다'는 오뚜기의 핵심 메시지를 '맛있게, 행복하게'로 전달하고, 어린이 전용 제품 혹은 뿌셔뿌셔 등 일부 과자에만 캐릭터를 담는 것과 같이 컨센서스가 이뤄졌을 때만 패키지에 캐릭터를 넣는다는 말에서 자부심과 떨림이 느껴졌다.

이제 많은 기업이 브랜드 경험이 중요하다는 걸 알고 있다. 그래서 관련 부서를 만들기도 하고, 중요한 마케팅 활동으로 여기기도 한다. 그럼에도 시간이 지나면 '매출에 어떤 기여를 했나', '이 활동을 위해 이 예산이 들어가는 게 맞나', '투자 대비 수익률ROI이 무엇인가'라는, 무형자산으로는 대답하기 어려운 질문으로 돌아가곤 한다. 질문의 방향을 바꿔야 한다. "우리 회사는 어떤 회사로 남고 싶은가?" 이런 질문이 안중에 없는 기업이라면, 브랜드 경험 활동보다 제품 마케팅을 하는 것이 더 나을 수 있다.

그렇다면 왜 이런 질문이 필요할까? 상품과 브랜드가 차고 넘치는 시대이기 때문이다. 이제 생존의 시대를 넘어서 정체성의 시대가 되었다. 정체성의 시대에는 필요가 아닌 애정으로 상품을 선택하게 된다. 물론 애정만으로 물건을 살 수는 없지만, 애정이 없으면 제품을 인지하기조차 어렵다. 브랜드 경험 활동은 소비자에게 우리 브랜드를 각인시키는 활동이자 브랜드에 대한 애정을 갖게 만드는 활동이다. 우선 이 브랜드에 애정을 가진 직원이 존재한다는 사실을 알리고, 나아가 소비자에게도 함께 팬이 되자고 제안하는 활동이다. 그렇게 함으로써 브랜드는 달라지고, 살아 움직이게 된다. '빙그레우스' 덕분에 빙그레는 단순히 남양주 공장에서 우유를 만드는 회사가 아니라, '빙그레 왕국'을 상상하게 하는 회사, 그리고 대한민국 기업 브랜드 중에서는 드물게 '유머러스함'을 탑재한 회사로 자리매김했다.

고령화 사회: 고령이 아니라 저령이 반응하는 건강 식단

미래의 핵심은 '혼자 산다'와 '오래 산다'로 요약된다. 1인 가구, 고령화 사회와 일맥상통하는 말이지만 꼭 같은 말은 아니다. 핵심은 지금 '혼자 산다', '오래 산다'가 아니라 앞으로 그렇게 될 것이라 예상한다는 것이다. 앞서도 말했듯 지금의 1인 가구가 과거와 다른 점은, 1인 가구라는 형태를 '임시'라고 생각하지 않는다는 것이다. 지금은 혼자이지만 조만간 누구와 함께 살리라 기대하는 사람과 앞으로도 계속 혼자 살 거라 예상하는 사람의 선택지는 다르다. 후자의 경우 스스로가 스스로를 돌볼 수 있는 시스템을 갖춘다. 간편하면서도 건강한 요리 레시피가 뜨고, 꾸준히 계속할 수 있는 근력 운동이 뜨고, 젊은 사람들 사이에서 저속 노화 열풍이 부는 것은 혼자 오래 살 것을 예상하기 때문이다.

'실제로' 혼자, 오래 사는 것보다 중요한 것은 '그럴 거라고 예상하는 것'이다. 그 예상이 현재의 선택을 결정한다. 물건을 하나 사더라도 신중하게 고른다. 공기청정기, 로봇 청소기, 식기세척기는 과거에는 가족 단위의 구매 제품이었지만 지금은 1인 가구도 충분히 구매를 고려하는 것들이다. 지금의 1인 가구는 큰 침대 사는 걸 미루지 않고 매트리스에 투자하고, 매일의 생활을 잘 꾸려나가기 위해 '지속가능성'을 고민한다. 지속 가능하려면 쉽고 간편하고 경제적인 동시에 건강한 것이어야 한다. 과거에 자취생들은 '쉽고 간편하게'를, 고물가 시대 주부들은 '경제적인'을, 아이 엄마들은 '건강'을 요구하고 원했다. 그러나 현재 소비자들은 다르다. 아이를 돌보듯 자신을 돌보며, 자취생처럼 직접 혼자 다 해야 하고 경제적으로 독립했으므로 경제성을 고려한다. 그리고 간편·건강·경제의 공통분모가 '건강 식단'이다. 요즘의 건강 식단이란 유기농, 비건처럼 특별하거나 비싼 것도, 다이어트 같은 특별한 목적을 지닌 것도 아니다. '일상적인 건강'이다.

    요즘 현대인의 생활에서 건강이 얼마나 일상화되었는지 상품을 통해 알아보자. 코로나19 이전(2019년)에 모 음료 회사와 단백질(프로틴) 음료의 상용화를 고찰한 적이 있다. 당시 프로틴 음료는 헬스나 운동을 전문적으로 하는 사람들이 마시는 음료로, 주로 해외에서 프로틴 파우더를 직구해 음용하는 형태였다. 구매도 보통 운동 인플루언서를 통해 공구하는 식으로 이루어졌다. 그러다 보니 공장에서 대량으로 만들어서 편의점에서 판매했을 때 소비자가 기대하는 전문성이 떨어져 보일 것 같았고,

단가도 맞지 않았다. 시간이 지나, 팬데믹을 거치고 건강이 사람들의 일상이 되었다. 지금은 프로틴 음료가 편의점 음료 매대를 꽉 채우고 있다. 초코맛, 바나나맛, 시리얼맛 등 맛도 다양하고 셀렉스, 더단백, 이지프로틴 등 제품도 다양하다. 공통점은 단백질을 20g 이상 포함했고 무당 혹은 저당 제품이라는 것이다. 얼핏 보면 운동선수나 단백질 부족 질환을 앓고 있는 사람이 먹어야 할 특별식처럼 보이지만, 필자를 비롯해 많은 일반인이 일상적으로 구매해 음용한다. 프로틴 음료는 코로나 시기 반짝 유행에서 그치지 않고, 2025년 현재에도 편의점 음료 매대의 가장 중앙 자리를 차지하고 있다.

프로틴 음료뿐만이 아니다. 제로 탄산, 저당 소스, 혈당 패치 등 당뇨병 환자가 건강관리를 위해 먹어야 할 것 같은 제품들이 일상적인 음식으로 자리 잡았다. 왜 이런 일이 일어났을까? 그리고 지금 시대에 말하는 '건강'이란 어떤 것일까?

장수 포비아가 만든 건강의 일상화

건강에 대한 관심은 옛날부터 꾸준했다. 2025년에도, 2024년에도, 2023년에도 한국인의 새해 결심 톱 5위 안에는 늘 건강이 있었다. 하지만 건강의 결이 달라졌다.

건강 담론의 시작에는 일단 음식부터 달라져야 한다는 '먹는 건강'이 있었다. 일반 식재료가 아닌 유기농 제품을 찾아 먹거나 귀리, 블루베리 등 슈퍼 푸드를 챙겨 먹는 방식으로 건강을 챙겼고, 여기서 조금 더 나아가 나의 건강뿐 아니라 지구와 타인의 건강까지도 챙기자는 공정거래, 친환경, 로컬 제품을 찾는 움직임도 있었다. 이러한 건강의 공통점은 '건강한 먹거리'다.

이처럼 건강한 먹거리를 챙기자는 것이 '건강 1기'였다면, 건강 2기는 '눈으로 확인하는 건강'이다. 대표 키워드는 '눈바디'를 꼽을 수 있다. 눈바디는 몸무게가 아닌, 눈으로 봤을 때 예쁜 몸이 중요하다는 인식에서 나온 단어다. 사람들이 다이어트에 관심을 두면서 헬스클럽에 다니고, 그렇게 몸을 만들어 바디 프로필을 유행처럼 찍던 시절이 예쁜 건강을 챙기기 시작했을 때다.

그렇다면 가장 최근인 건강 3기는 어떤 모습일까? 건강 3기를 표현하는 말은 '오래 사는 것이 제일 무서워요'다. 그래서 이들의 대표 키워드는 '저속 노화'다. 저속 노화라는 키워드는 2023년 말부터 언급량이 상승하기 시작해서 2024년 내내 크게 상승세를 보였고, 2024년 하반기부터는 월 1,000건에 달할 만큼 대형 키워드가 되었다.

저속 노화는 '노화'라는 단어가 들어가 있음에도 상대적으로 젊은 2030 세대의 관심을 받는 키워드다. 옛날에는 노화를 언급하기 시작하는 시기가 건강상의 변화를 체감하는 이른바 갱년기 때부터였다면, 지금은 2030 세대가 노화가 '무섭다'고 이야기한다. 2030이 말하는 노화는 이미 노화에 진입한 사람이 이야기하는 노화와 결이 다르다. 노화가 이미 시작된 사람들은 최대한 노화를 방지하고자 한다면(안티에이징), 2030은 건강하고 당당하게, 천천히 나이 들어가는 슬로우에이징을 목표로 삼는다. 이 트렌드와 맞물려 떠오른 키워드가 노화 속도를 늦추는

편의점 음료 매대 중앙에 위치한 각종 프로틴 음료들[6]

건강법, 저속 노화 건강 식단이다.

저속 노화 건강 식단 트렌드의 배경에는 '장수 포비아'가 있다. 이전보다 기대 수명이 늘어났지만 사람들은 불로장생의 꿈이 이뤄졌다며 신나 하지 않는다. 오래 산다는 것은 오히려 공포로 다가온다. 1인 가구가 늘어난 만큼 혼자서 그 긴 세월을 살아야 하는 사람들이 많은데, 이들에게 혼자서 그렇게 오랫동안 자기 자신을 책임져야 한다는 사실은 공포로 다가오는 것이다. 이른바 장수 포비아다. 이왕 먹을 거라면 건강한 먹거리를 먹자거나, 건강으로 예뻐지려 하는 건 '플러스 건강', 즉 추가 가치로서의 건강이다. 반면 요즘 2030이 추구하는 건강은 '장수 포비아'에서 비롯된 것으로, 노화에 대한 두려움에서 기인한 방어적이고 의무적인 관리로서의 건강이다.

6   "'헬스장 냉장고인 줄 알았네'… 편의점마다 가득한 '이 음료' 정체", 매일경제, 2023.11.16.

헬스를 열심히 하는 30대 초반에게 질문한다고 가정해 보자.

"당신이 운동을 열심히 하는 이유는 무엇입니까? 근육질의 아름다운 몸을 만들기 위해서? 아니면 나이 들었을 때 근육이 없으면 내 힘으로 이동하는 데 문제가 생길까 봐 두려워서?"

아마 지금 시대의 답은 후자일 가능성이 높다. 고령화 사회는 이렇듯 고령이 아니라 저령을 움직이고 있다. 건강 식단의 일상화, 운동 중에서도 근력 운동이 주목받고 있는 이유는 바로 고령화 사회가 가져온 공포다. 우리 사회가 고령을 얼마나 무서운 것으로 묘사했는지 알 수 있는 지점이기도 하다.

쉬운 지속가능성에 주목하다

하지만 일상화된 건강 식단의 포인트는 '두려움'이 아니라 '해결 방법'에 있다. 주로 저속 노화 식단이라 불리는 이 해결책은 나 혼자, 쉽게 계속할 수 있다는 것이 특징이다. 먼저 지속가능성이 있으려면 경제적이어야 한다. 건강을 챙기기 위해 각광받던 영양제는 쉽지만 경제적이지 않다. 한두 달도 아니고 꾸준히 먹기에는 비용이 부담된다. 몸에 좋지만 맛없는 것을 계속 먹는 방법이 보다 경제적일 수는 있지만, 이 역시 지속하기가 쉽지 않다.

그런데 저속 노화를 실천하면 계속 영양제를 먹을 필요도, 맛없는 것을 억지로 참아가며 먹을 필요도 없다. 저속 노화 식단을 추천하는 의사들은 기존에 먹던 것을 그대로 먹되 순서만

채소, 단백질, 탄수화물 순으로 바꿔도 건강에 좋고 노화 방지에 도움이 된다고 말한다. 또 영양제를 먹지 말고, 그 대신 아침밥을 챙겨 먹고 잠을 잘 자기를 권한다. 이러한 저속 노화는 앞으로 남은 긴 인생에서 쉽고도 경제적이고 실천할 수 있는 것들이다.

본질에 집중한 방법이긴 하나 어떻게 보면 평범하기 그지없는 이 '저속 노화 식단'에 열광하게 만든 동기는 결국 미래에 대한 두려움이다. 그래서 필요한 것은 미래에 대한 두려움을 없애줄 수 있는 방법이다. 일상화된 건강 식단은 노화를 두려워하는 소비자에게 두려움을 완화시켜주고, 손에 잡히는 실천 가이드를 제공했다는 면에서 지금까지와는 다른 건강 담론을 이끌고 있다.

'저령이 반응하는 건강 식단'이 알려주는 인사이트는 장수 포비아와 지속가능성이다. 2030 세대는 앞으로 살아갈 긴 인생에서 스스로를 돌봐야 한다는 것에 부담과 두려움을 느끼고 있고, 오랜 세월 꾸준히 지속할 수 있는 해결법을 찾기 위해 고군분투하고 있다. 이것이 비단 2030 세대에게만 나타나는 현상은 아니지만, 특이한 점은 노화와 멀게 느껴졌던 2030이 건강-노화 담론에 참여하고, 심지어 이를 리드하고 있다는 점이다. 화장품 업계에서도 비슷한 일이 일어나고 있다. 안티에이징의 대표 성분인 레티놀을 넣은 화장품이 2030을 타깃으로 출시되고, 2030 세대의 관심을 받고 있다. 이처럼 장수의 시대에는 새로운 타깃과 새로운 기회가 발견된다. 방법론적으로는 어떻게 쉽고 경제적이며 실천 가능한 방법을 제안할지, 가치적으로는 혼자 오래 살 것에 부담을 느끼는 사람들을 어떻게 안심시킬 수 있는지 고민해 봐야 한다.

한남역 1번 출구 앞에 떡집이 있었다. 어느 날 출근길, 어제까지 있었던 떡집이 무너지고 없었다. 그 자리에는 주차장이 들어섰다. 용산구 한남동에서는 단층 건물 떡집보다 콘크리트 바닥의 주차장이 부가가치가 높을 것이다. 그곳을 지나며 필자는 '사람을 먹여 살리는 떡'과 '빈 땅'의 가치에 대해 생각하지 않을 수 없었다. 식품 회사에서 판매하는 제품은 이윤을 내는 상품인 것과 동시에 '먹을 수 있다'는 특수성이 있기 때문에 식품업 자체가 사회 공헌 활동이다. 2010년대 전까지 음식의 본질은 안전과 안심이었다. 안전한 먹거리를 제공해 소비자가 안심할 수 있게 하는 것이 식품 회사의 의무였다. 2010년대는 라이프스타일의 시대가 도래하며 음식이 가장 큰 즐거움이나 기분 전환 거리가 되었다. 그리고 2026년을 향해 가고 있는 지금, 음식은 이제 '불안과 두려움을 달래주는 안심의 도구'다.

모순의 식문화가 말해주는 것

2025년 현재 식문화의 대표 키워드 중 하나는 일상화된 건강이다. 더 구체적인 키워드로 말하면 '혈당', '노화'를 막는 '식단' 관리, 재료 중에서는 '저당 소스'로 요약된다. 당뇨병 환자가 아닌 일반인이 혈당 패치를 붙여 혈당을 올리는 음식을 체크하고, 혈당 스파이크라는 생소한 단어를 일상적으로 사용하고, 일반 콜라보다 제로 콜라가 더 많이 팔리며 스스로 만들어서라도 저당 소스를 섭취하고자 한다.

그런데 이와 동시에 칼로리 폭탄에 가까운 디저트에 뜨겁게 반응하는 모습을 보인다. 특히 밀가루와 버터, 설탕을 주재료로 한 빵에 크림과 과일까지 듬뿍 올라간 생크림 케이크를 구매하기 위해 사람들은 줄을 선다. 수많은 소비자가 KTX를 타고 대전까지 내려가도록 만드는 성심당의 '시루' 시리즈 역시 제철 과일을 올린 생크림 케이크다. 이게 어찌된 일인가? 혈당 패치를 붙이는 사람 따로, 생크림 케이크를 먹는 사람 따로 있는 걸까?

그렇지 않다. 혈당을 관리하는 건강 식단이 '몸의 돌봄'이라면, 디저트는 '정신의 돌봄'이다. 빵, 디저트는 '위로', '기분 전환', '즐기다'와 깊이 연관되어 있다. '몸과 마음의 자기 돌봄', 이것이 지금의 식문화와 지금의 트렌드를 요약하는 한 줄이다.

부록

트렌드에 녹아든 다섯 가지 키워드

#브랜드_스토리텔링

진정성 있게 스토리를 전하는 자가 살아남는다

이승희 마케터

이승희 마케터
브랜드 마케터이자 작가, 크리에이터로 활동하고 있어요.

— 최근 '일하는 데 내가 필요해서 만든 일일 노트'를 기획하셨어요. 어떤 계기가 있었나요?

아기가 태어나고 나서 제 하루는 완전히 달라졌어요. "오늘 뭐 하지?"라는 질문이 "뭘 먼저 해야 하지?"라는 고민으로 바뀌었죠. 엄마로서의 일과 원래 나로서의 일이 자꾸 뒤섞이기 시작하더라고요. 책 한 장 읽으려다 아기 낮잠 타이밍을 놓치거나, 인스타그램을 잠깐 보다가 젖병 삶는 걸 잊어버리는 일들이 반복되면서 깨달았어요. 이건 시간이 부족한 문제가 아니라 '역할을 나누지 못한 문제'구나. 그래서 각기 다른 역할을 한눈에 분리해서 정리할 수 있는 도구가 필요했어요. 그렇게 세일러즈와 함께 일일 노트를 기획하게 되었어요.

— 어떤 분들이 어떻게 사용하면 좋을까요?

저처럼 엄마가 된 후 모든 일이 뒤섞여 버려 힘들었던 분들뿐 아니라, 동시에 여러 프로젝트를 병행하는 분들, 다양한 역할을 수행하는 모든 분에게 도움이 될 수 있어요.

하루를 역할별로 나누어 기록하면, 우선순위가 명확해지고 마음도 훨씬 가벼워져요. 단순히 투두리스트가 아니라, '여러 개의 나'를 분리해서 바라보고 정리하는 연습을 돕는 도구로 이 노트를 활용해 보세요. 일할 땐 일에 집중하고, 육아할 땐 온전히 아이와 함께하며, 동시에 나 자신을 위한 시간도 놓치지 않고, 삶을 균형 있게 이어가고 싶은 분들께 추천해요.

— **올해 어떤 마케팅이 마케터님의 시선을 가장 끌었나요?**

AI와 개인화를 결합한 마케팅이에요. AI 덕분에 콘텐츠 제작이나 캠페인 최적화가 훨씬 빨라졌고, 동시에 고객의 행동과 맥락에 맞춘 개인화가 가능해졌어요. 단순히 많은 사람에게 보여주는 게 아니라, '누구에게 언제 어떤 메시지를 어떻게' 전할지 세밀하게 맞출 수 있다는 점이 큰 변화라고 생각합니다.

그리고 소비자들이 브랜드의 신뢰와 윤리를 더 중요하게 보면서, 단순한 광고보다는 진정성 있는 콘텐츠와 경험으로 연결하는 방식이 주목받고 있어요. 그래서 AI 마케팅이 뜰수록 진정성 있게 스토리를 전하는 브랜드, 이야기꾼들이 올해 더 도드라질 거라고 생각해요.

— **마케터님의 소울푸드는 무엇인가요?**

제 소울푸드는 해산물이에요. 특히 랍스터, 대게, 회, 초밥을 좋아해요. 랍스터를 진짜 많이 먹고 싶을 때는 바이킹 스워프를 찾아가거나 노량진 수산시장을 가요. 해산물 뷔페도요. 대하철에는 대하구이를 꼭 챙겨 먹죠. 저는 해산물의 식감과 신선함, 비린 냄새가 너무 좋아요. 산낙지는 꼬들꼬들한데 신선하고, 랍스타는 말캉말캉한데 쫀득하잖아요.

일본 여행을 혼자 일주일 정도 다녀온 적이 있어요. 가기 전에 지도 앱에 정말 많은 맛집을 등록해뒀죠. 장르나 스타일에 따라 이곳저곳 다양하게 갈 줄 알았는데 일주일 내내 초밥만 먹었어요. 혼자 여행한 데다 해산물이 좋으니까 정말 한결같이 초밥만 먹더라고요. 제가 해산물 킬러라 친구들이 생일 선물로 해산물을 많이 줘요. 대하구이 한 박스, 생새우 몇 킬로그램 이런 식으로요.

— '먹고 마시는 일'과 관련하여 지금 주목하고 있는 마케팅 트렌드는 무엇인가요?

'경험 소비'와 '브랜드 스토리텔링'이 가장 주목할 만하다고 생각해요. 단순히 맛있는 음식을 먹고, 좋은 술을 마시는 차원을 넘어서, 사람들이 '왜 이 브랜드를 선택했는가', '어떤 라이프스타일과 연결되는가'를 더 중요하게 여기고 있거든요. 그래서 요즘은 식음료 브랜드들도 숏폼 콘텐츠나 오프라인 체험 공간을 통해 감각적인 경험을 주고, 브랜드 무드와 미학을 함께 전달하는 마케팅을 많이 시도하고 있어요.

또 하나 눈여겨볼 점은 개인화된 추천과 데이터 기반 맞춤 경험이에요. 개인의 취향과 상황에 맞춘 레시피, 커피·와인 큐레이션 같은 서비스가 점점 늘어나면서 '내가 선택받고 있다'는 느낌을 주는 브랜드가 소비자의 충성도를 얻고 있어요.

좋은 브랜드경험이 담아내는
#동시대성_보편성

오뚜기 BX실

오뚜기 BX실

오뚜기 기업 브랜드에 대한 IP 자산을 담당하고 있어요. IP에 대한 정의와 전략을 수립하고 이를 기반으로 오프라인, 온라인, 굿즈, 컬쳐, 캐릭터 등 BX플랫폼을 통해 고객과 소통하고 있어요.

— 브랜드 경험을 만드는 BX실은 어떻게 생기게 된 건가요?

BX(Brand eXperience)실은 2020년대 들어 새롭게 만들어진 조직이에요. 그동안 마케팅, 광고, 홍보 부서에서 부수적으로 맡아오던 브랜드 경험 관련 일을 좀 더 전문적으로, 체계적으로 해보자는 취지에서 시작됐어요.

식품 업계에서는 전통적으로 오프라인 매장 활동(예를 들어, 슈퍼마켓에서의 판촉 행사 등)이 중심이었는데, 최근에는 SNS, 각종 축제, 다양한 이벤트처럼 매장 밖에서 소비자와 만나는 기회도 점점 더 중요해지고 있거든요. BX실은 이런 온오프라인의 다양한 접점에서 소비자가 브랜드를 더 가깝게 느끼고, 특별한 경험을 할 수 있도록 여러 활동을 기획하고 실행하는 팀이에요.

처음 BX실이 생겼을 때만 해도 '브랜드 경험'이라는 개념이 업계에서 아직 명확하게 자리 잡지 않았지만, 지금은 식품 업계뿐만 아니라 다양한 분야에서 브랜드 경험의 중요성이 커지고 있고, 전담 조직도 점점 늘어나고 있어요.

— 주로 어떤 일들을 꾸리시나요?

브랜드 공간 운영, 축제, 브랜드 SNS, IP 컬래버레이션, 쿠킹 및 편집 콘텐츠 운영 등을 꾸려 나가고 있는데요. 일반적으로 제조 브랜드에서 마케팅 조직이 담당하는 제품 기획과 4대 매체 광고, PR 등을 제외한 전반적인 커뮤니케이션을 담당하고 있어요.

— 그 많은 일 중에서 적절한 시기에 어떤 활동을 할지 정하려면 트렌드를 파악하는 일이 중요할 것 같아요.

BX 활동은 단순히 많이 하는 것보다 '언제, 어떤 방식으로 하느냐'가 더 중요해요. 저희는 단기 유행을 좇기보다 오뚜기 자산과 철학에 맞는 흐름인지 먼저 따져봅니다. 다음 두 기준으로 시장을 읽어내요. 첫째, 고객의 생활 맥락을 세밀히 관찰해 지금 필요한 경험이 무엇인지 파악해요. 둘째, 브랜드 자산과의 정합성을 확인해 맞지 않으면 과감히 하지 않고, 맞물릴 때는 시기를 놓치지 않아요. 사람들의 보편적인 소망(욕망보다는 덜 즉각적이고 더 넓은 범주)의 흐름을 읽으려고 해요. '당장 저걸 사고 싶다!'가 아니라 '상황이 된다면 나도 언젠가는 저렇게 살고 싶다~'는 평생의 추구미(?)를 조금 느긋하게 따라가보는 건데요. 이 '소망'이 오뚜기 브랜드 에셋 중 어떤 핵심 가치와 닿아 있는지 포착해서 새로운 브랜드 경험으로 풀어내요.

— **준비 중이신 다음 BX 활동이 궁금해요.**

요즘 K-푸드, K-뷰티, K-컬처가 특히 주목받고 있는데요. 한국에 방문할 예정인 외국인 관광객들을 상대로 브랜드를 알리고 경험하게 하는 활동을 준비하고 있어요. 외국인 인플루언서 협업부터 오프라인 체험 방문까지 다양한 활동을 기획 중이니 기대해 주세요!

그리고 식생활 문화와 연계된 체험형 공간 BX도 기획하고 있어요. 브랜드 철학을 담은 팝업스토어나 협업 프로그램을 통해 문화적 접점을 확장해서, 단순히 제품을 알리기보다 '우리 곁에서 함께하는 오뚜기'를 생활 속에서 느낄 수 있게 꾸릴 예정이에요.

— **브랜드 경험BX 활동에서 가장 중요한 점은 무엇인가요?**

보편성과 동시대성을 가장 중요하게 여겨요. BX 활동은 결국 브랜드가 추구하는 가치에 고객이 공감하도록 설득하는 일이니까요. 요즘 시대의, 평범한 일상을 살아가는, 가장 많은 수의 사람들에게 쉽지만 뾰족하게 브랜드의 메시지를 전하는 것이 가장 중요하다고 생각해요.

이 일을 하면서 늘 '내가 왜 이 일을 하고 있는가', 그리고 '이 일을 통해 무엇을 이루고 싶은가'를 고민해요. 요즘에는 특히 소비자가 우리 브랜드를 어떻게 생각하실지, 또 언제 우리 브랜드에 대해 떠올리게 될지에 대해 깊이 생각해보는데요.

특히 국내와 달리 아직 오뚜기 브랜드가 생소한 글로벌 활동을 준비하면서 아직 오뚜기를 잘 모르는 소비자들에게 브랜드 자체를 인식시키는 것이 얼마나 중요한 일인지 깨달았어요. 다만, 글로벌 차원에서도 단순히 브랜드를 알리는 차원을 넘어, 그들의 마음속에 오뚜기를 특정한 경험이나 가치와 연결시키는 과정이 BX 활동의 핵심이라고 생각해요.

#A.I
큰 변화 속에서도
　　결코 변하지 않을 것들

김병기 프릳츠커피컴퍼니 대표

김병기 프릳츠커피컴퍼니 대표

'프릳츠커피컴퍼니(이하 프릳츠)'의 공동 대표입니다. 커피와 빵 전문가가 힘을 합쳐 만든 프릳츠는 국내에서 커피와 카페를 브랜드로 인식하도록 만든 선구자예요. 스페셜티 커피 초창기에 '한국스러움'을 잘 담아낸 브랜딩으로 SNS를 통해 많은 이들이 호응을 얻었죠. 프릳츠는 산지의 농부를 직접 만나고, 교류해요. 그렇게 정성껏 고른 뛰어난 품질의 생두로 원두를 로스팅하고 커피를 내려 고객에게 전하죠. 원두와 커피를 매개로 사람과 사람을 꾸준히 연결하고 서로가 성장하는 미래를 꿈꿔요.

— **대표님과 프릳츠가 가장 중요하게 여기는 것은 무엇일까요?**

프릳츠는 프릳츠와 함께 일하는 여러 기술자의 안정적인 삶을 중요시해요. 그래서 나아지고자 하는 기술자가 자신의 기술로 안정적인 삶을 영위할 수 있도록 환경을 만드는 데 신경 쓰죠. 다행히도 그리고 감사하게도 많은 고객들이 프릳츠를 다시 방문하고 선택해 주셔서 더 나은 환경을 위한 고민이 잘 이어지고 있어요.

— **프릳츠라면 일관된 디자인 감성이 눈에 띄는데요. 큰 원칙 같은 부분이 있나요?**

디자인에 있어서 프릳츠의 아주 중요한 큰 틀은 새로운 프로젝트에서도 항상 이어져요. 바로 '한국'이라는 키워드죠. 우리는 넓은 의미에서의 한국을 디자인으로 꾸준히 구현하고 싶어요.

— **일하는 방식과 성장도 프릳츠의 중요한 키워드인 것 같아요.**

프릳츠가 일하는 방식은 우리는 결국 함께 살아간다는 것을 이해하는 것과 다름없어요. 그 가운데서 어떻게 기술자로서 나아질 것인가. 그런 고민의 과정이 자연스럽게 인간으로서 나아지는 방향으로 이어지게 돼요. 그런 경로 자체가 자신에게 기쁨을 주는지 확인해요. 결국 가장 중요한 것은 자기 자신을 들여다보는 일이거든요.

— **대표님의 소울푸드가 궁금해요.**

커피 산지 등으로 출장을 가면 아무래도 산속 깊은 곳이라 먹고 싶은 음식을 자주 떠올리게 돼요. 그럴 때 생각난 음식이 소울푸드가 아닐까요. 작년 인도에서는 짜장면을, 콜롬비아에서는 된장찌개를, 페루에서는 만두가 머릿속에 맴돌았어요. 매번 다른데 이번에는 카레가 떠나지 않았죠. 감자랑 양파랑 고기가 들어간, 당근은 빼고요. 우연이겠지만 정말로 오뚜기 카레가 생각났어요. (웃음) 제게 카레는 그래요.

— 지금 가장 주목하는 카페 트렌드가 무엇인가요?

AI죠. 예전에는 국가가 세상의 방향을 설정했다면 이제는 기업가가 설정하는 것 같아요. 많은 기업이 AI를 중요한 미래로 떠올리고 있잖아요. 그 산업에 몰리고 있는 자본이 중요한 증거죠. 이제 세상의 큰 방향이 AI를 향해가는데 그 가운데서 F&B 산업은, 그리고 우리 프릳츠는 어떻게 살아갈 것인지가 큰 관심사예요. 더불어 큰 변화를 겪으면서도 결코 변하지 않을 것들에 주목하고 있죠.

지금은 나에게 집중하는 시대
#가치_소비

김경희 《컨셉진》 편집장

> **김경희 《컨셉진》 편집장**
>
> 월간 라이프스타일 매거진 《컨셉진》을 맡고 있어요. 《컨셉진》은 매달 한 가지 주제를 가지고 새로운 한 달을 살 수 있도록 돕는 '자기 발견 매거진'인데요. 주제와 관련된 아이템, 인터뷰, 독자 사연 등 다양한 기사와 질문을 통해 나를 돌아보고 새로운 나를 발견하도록 도움을 주고 있어요.

— **2012년 기획과 열정만으로 《컨셉진》을 창간했는데요. 원동력은 무엇이었나요?**

그 당시 저는 꽤 재밌게 살고 있다고 생각했는데, 주변을 둘러보면 그렇지 않은 사람이 더 많았어요. 제 친구를 포함해 일상이 지루한 사람에게 '세상, 살 만하지 않아?', '삶은 재밌는 거야!'라는 메시지를 전하고 싶은 마음으로 창간했어요.

— **《컨셉진》이 보여주려 했던 콘텐츠와 독자가 실제 빠져든 콘텐츠는 무엇이었나요?**

창간 목적과 일맥상통하는데요. 《컨셉진》은 '당신의 일상이 조금 더 아름다워집니다'라는 슬로건을 오랫동안 내세우고 있어요. 독자의 삶이 조금 더 아름다워지고, 조금 더 즐거워질 수 있는 콘텐츠에 집중했죠. 잡지를 보면 보통 '내 삶'보다 화려하고 멋진 '남의 삶'을 구경하는 느낌을 받는데,《컨셉진》은 '나'의 삶에 바로 적용할 수 있는 이야기를 전해요. 독자들이 '《컨셉진》에 담긴 글은 남 이야기인데도, 그렇지 않다. 나를 주인공으로 만들어준다'라는 평을 많이 남겨요.

— 편집장님의 소울푸드가 무엇인지 알고 싶어요.

제 소울푸드는 '간장 계란밥'이에요. 너무 소박하죠(웃음)? 제가 독립한 지 10년 정도 되었는데요. 부끄럽게도 저는 집에서 요리하지 않아요. 회사를 운영하다 보니 제 온갖 신경은 일에만 쏠려 있거든요. 일 이외의 다른 부분에 에너지를 쏟을 여력이 없어 식사는 항상 외식 혹은 배달 음식으로 해결해요. 아무래도 국밥이나 찜닭, 족발, 곱창 같은 메뉴가 주를 이루죠. 그러다 보니 집에서 가볍게 먹는 간장 계란밥이 이따금 생각나요. 얼마 전에는 뉴욕으로 출장을 다녀왔는데, 한국으로 돌아오는 비행기에서 "간장 계란밥에 김치 얹어서 먹고 싶다!"라고 계속 말했을 정도로, 저에겐 '집밥' 하면 떠오르는 음식이에요.

누군가에겐 가볍게 끼니를 때울 때 먹는 음식이겠지만, 집에서 가스를 전혀 사용하지 않는 저에게는 너무 먹기 힘든 음식이에요. 그래서 한두 달에 한 번씩 부모님 댁을 방문할 때마다 "간장 계란밥 먹고 싶어요!" 하고 외치곤 하죠.

— 요즘 가장 관심을 두고 있는 소비 트렌드를 알려주세요.

저는 《컨셉진》에서도 그렇고, 제가 운영하는 자기 발견 플랫폼 '미션캠프'에서도 그렇고, 집중하고 있는 것이 '나'이기 때문에, 저마다의 '나'에 관심이 많은데요. 요즘 트렌드를 살펴보면, 확실히 '나에게 집중하는 삶, 나를 들여다보는 삶'에 대중의 관심이 높아요. 경제가 어렵다고 소비를 줄이는 듯하지만, 나라는 세계관 확장을 위한 경험에는 돈을 아끼지 않는 현상이 두드러지죠. 예를 들면 생활용품은 중고로 구매해서 돈을 아끼고 대신 내가 좋아하는 아티스트 공연을 관람하거나 해외여행을 가는 식으로 말이죠. 그래서 요즘 #가치_소비와 #경험_소비에 관심을 가지고 살펴보는 중이에요!

스스로 나를 잘 돌볼 때의 감각
#웰니스

유지현 소소문구 대표

> **유지현 소소문구 대표**
>
> 쓰는 사람을 위한 문구를 만드는 소소문구를 운영하고 있어요. '쓰는 사람'은 지면(紙面)을 늘 곁에 두고 쓰는 삶을 지속하는 사람인데요. 소소문구는 쓰는 사람의 사소한 끄적임과 구체적인 설계 등 다양한 생각의 씨앗이 자라 열매를 맺을 수 있도록 연구해요.

─ 소소문구가 '쓰는 일'과 '쓰는 사람'을 중요하게 여기는 이유가 있나요?

시간이 지나면서 그 이유도 제 안에서 숙성되나 봐요. 소소문구를 시작했을 때라면, '감각하는 일(feeling)'이 중요하다고 답했겠죠. 보고, 듣고, 맛보고, 맡는 일처럼 쓰는 일도, 손을 가지고 몸을 자극해야 기억하기 더 쉬워진다고요. 손을 써서 쓰면 기억에 잘나고, 기억은 중요하다고 자주 말했어요.

요즘 제게 '쓰는 일'은 내 생각을 종이 위에 올려놓는 일이에요. 문자, 선, 둥그런 도형, 뾰족한 빗금, 이리저리 향하는 화살표 등 무한한 형태로 나타나지요. 사업을 위한 아이디어, 이번 주 내내 무거운 기분, 부모님과 나눈 대화의 내용 등 나만의 일화를 이루는 문자와 모양이 종이 위에 또렷이 보입니다. 또렷해지면 좋은 점 하나가 있어요. 이제 무엇을 해야 할지 실마리를 찾을 수 있기 때문이죠. 어쩌면 쓰는 사람은 자기 생각을 알고 싶고, 가능성을 종이 위에서 좇는 사람이 아닐까 싶어요.

— **2025년 1월 롤리폴리 꼬또에서 소소문구X오뚜기 '가뿐한끼' 팝업스토어가 열렸는데요. 그 기반이 되었던 '모닝단'이라는 커뮤니티 이야기가 궁금해요.**

'모닝단'은 2021년 서울산업진흥원 지원 사업으로 시작한 프로젝트예요. 서울의 2030 청년들의 일상을 돌보는 데에 도움이 되는 제품과 서비스를 기획하는 내용이었죠. 코로나로 인해, 장기화된 경기 침체와 사회적인 분위기를 개선하기 위해서였죠. 그리고 지난해에 소소문구의 모닝 페이지 온라인 커뮤니티가 부활했는데요. 코로나는 끝났지만, 안타깝게도 경기 침체와 불안한 사회 분위기가 여전해서 '모닝단과 함께하는 쓰는 생활'을 통해 닿을 수 있는 좋은 변화를 꾸준히 제안하자고 생각했어요.

제가 저녁형이라 '가뿐한끼' 모닝단을 기획할 때 아침형을 위한 서비스와 문법을 찾는 데 어려움이 있었어요. 그래서 지난 모닝단 단원의 후기와 인스타그램 게시글을 참고했어요. '변화', '습관', '뿌듯함', '같이', '무의식' 이러한 키워드가 자주 등장했죠. 모닝단원과 이 세계관을 조금씩 꾸준히 만들어가면 재미있어요.

— **소소문구가 쓰기 커뮤니티를 중요시하는 이유가 있나요?**

멋있는 대답을 하고 싶은데, 쉬운 대답밖에 생각이 나질

않네요. 입체적이고(만질 수 있고), 지속되는 동기를 심어드리고 싶어요. 쓰는 사람의 기록으로 채워진 모닝 북이나 디스커버리 북을 통해 입체적인 경험을 주고, 쓰는 생활이 고객에게 안착할 수 있도록 일관된 메시지를 전송하는 거예요. 나무에 물 주기처럼요. 이 두 가지를 동시에 달성할 수 있는 게 '커뮤니티'예요. '가뿐한끼 모닝단'은 가뿐한끼 제품이 4개나 함께 서비스되고, 식습관을 기록할 수 있는 페이지도 모닝 북에 들어 있어서 더욱 푸짐했죠. 약 3주 동안 매일 아침 모닝 북을 펼칠 수 있게, 그리고 8일 차, 18일 차에는 식습관도 돌아볼 수 있게 진행했어요.

대표님의 소울푸드는 무엇인가요?

'떡볶이'입니다. 소울푸드를 어떻게 정의하냐에 따라 그 이유가 조금씩 다를 거 같아요. 구글에 검색하니, '위안을 주는 음식'이라고 나오네요. 초등학생, 중학생 때 학원 수업이 끝나고 거의 매일 컵볶이를 먹었어요. 그때는 수업 시간 동안의 긴장감과 시험 날의 스트레스가 이어지잖아요. 그런 반복 사이에 있던 위안의 시간(=하원 시간) 늘 함께 했던 음식이라서요.

예전 사무실이 마포구 망원동에 있었는데요. 근처 초등학교 앞에 '요거먹고 조거먹고'라는 떡볶이집이 있었어요. 학원 끝나고 먹었던 떡볶이 맛과 비슷했어요. 아쉽지만 지금은 사라졌어요. 아쉬운 대로 '또보겠지 떡볶이집'을 찾거나 '미미네 국물떡볶이' 키트를 자주 사서 먹어요. 떡지순례 계정(@lovebokki) 덕분에 새로운 로컬 떡볶이집들을 지도에 표시하기도 하고요.

요즘 관심을 가지는 라이프스타일 트렌드를 알려주세요.

웰니스 중심의 소비 트렌드입니다. 젊은 세대들이 카페인, 알코올 섭취량을 조절하며 커피 대신 말차, 논알콜 하이볼을 찾는 건데요. 기대 수명이 늘어나고, 질병 예방에 대한 관심도가 오르며 단순히 '웰빙'이라는 상태를 추구하는 것을 넘어, '웰니스'라는 삶의 방식을 보다 주도적으로 선택하고, 관리하려는 변화예요. 가령, 간편식 가뿐한끼에 추가해서 먹을 채소를 고를 때에도, 요즘 내 영양 상태와 부족한 것을 고려하게 되듯이요. 면역력이 떨어졌다면 브로콜리를 듬뿍 넣고, 눈 건강을 챙기고 싶을 땐 당근을 찾는 식이죠. 이 과정에서 '내가 나를 잘 돌보고 있다'라는 감각이 기분을 좋게 해준답니다.

3분 트렌드 익힘책

먹는 취향으로 읽는 요즘 문화

1판 1쇄 인쇄 2025년 10월 14일
1판 1쇄 발행 2025년 10월 22일

지은이 오뚜기·박현영
발행인 박현진
본부장 김태형
책임편집 한미리
책임마케팅 나은경
오리지널사업팀 이지향 고혜원 김가연 박지수 이민해 이유림 이유진
오뚜기 BX실 박나올·조현국
디자인 thiscover
제작 세걸음
펴낸 곳 ㈜kt 밀리의서재
출판등록 2017년 1월 5일(제2017-000008호)
주소 서울특별시 마포구 양화로45, 18층(서교동 메세나폴리스 세아타워)
메일 contents@millie.town
홈페이지 http://www.millie.co.kr

ISBN 979-11-6908-537-3 (03320)

* 이 책은 ㈜kt 밀리의서재가 저작권자와의 계약에 따라 발행한 것이므로 본사의 서면 허락 없이는 어떠한 형태나 수단으로도 이 책의 내용을 이용하지 못합니다.